左手カンタン&キレイな編曲

発表会・卒園式

のための

ベスト・オブ

感動ソング54

滝川弥絵／編著

はじめに

　園で毎年行なわれる発表会や卒園式などの行事・イベントには、子どもたちの歌唱発表が欠かせません。子どもたちが生き生きと輝いた表情で歌唱をすれば、イベント全体が華やぎ、子ども・保護者にとってすばらしい思い出になるだけでなく、子どもたちの成長にもつながります。そのため、使用する曲選びには毎回悩みますよね。

　人気のある感動的な歌、新しい歌に挑戦したいけれど楽譜が難しく、練習時間を十分にとる余裕はないから無理…。そんな保育者さんのために編集したのがこの楽譜集です。人気のある感動曲を、初心者でもラクラク弾けて子どもたちは歌いやすく、その上感動的に聞こえる伴奏を付けて、この一冊にたくさん詰め込みました！ 演奏・指導のコツもたっぷり載せているので実践の場ですぐに使えます。また、実践の中で生まれた子どもたちに人気の著者オリジナル曲も入っています。ぜひお試しください!!

　この一冊を通して、子ども・保育者・保護者の皆さんの笑顔と温かい気持ちが広がりますように！

Contents

発表会の ハッピーソング

発表会・卒園式の キラキラソング

卒園式のドリームソング

難易度別 スペシャルソング

- ●ラクラク ver.：ピアノ初心者の方へ
- ●ノーマル ver.：ピアノに慣れている方へ
- ●弾き歌いクール ver.：もっと格好良く弾きたい方へ

曲の音源は、
下記の二次元コードより
アクセスできます！

＊各曲からもアクセスできます。

選曲の
参考にして
くださいね♪

50音索引

歌い出し索引

本書の特長と見方

① 定番曲＋著者オリジナル曲、全54曲で特別な日の選曲にピッタリ！

著者オリジナル曲は、現場で実際に歌われている人気曲。この一冊さえあれば、発表会や卒園式の曲選びに困りません。

② 左手カンタン！でも音楽的にゴージャス

左手はできるだけ音数の少ない伴奏譜、それでいて豊かに聴こえる編曲を工夫しました。

③ 保育者と子どもがピアノや歌を楽しめる工夫がいっぱい！

P.7「ピアノを楽しく弾くコツ」や、P.8「子どもがもっと歌を楽しめるようになるコツ」に加え、曲ごとに「歌いたくなる♪ 保育のコツ」「ピアノの弾き方・歌い方のポイント」を掲載するなど、ピアノや歌をより楽しめるアドバイスがいっぱいです。

④ 選曲に役立つ音源も！

各曲に二次元コードを掲載し、YouTubeから曲を試聴できます。初めての曲や、曲の雰囲気を知りたいときなどに役立ちます！

歌詞メッセージ

各曲の歌詞に込められたメッセージのキーワードを載せています。子どもに伝えたいメッセージから曲を選ぶときに参考にしてください♪

二次元コード

YouTubeにつながり、曲を試聴できます。

歌いたくなる♪ 保育のコツ

子どもと歌をもっと楽しむために、各曲に応じた保育のアイディアを紹介しています。

ピアノの弾き方・歌い方のポイント

楽譜通りに弾けるようになったら、楽譜中のポイントに注目してみてください。更にすてきに弾けるようになるヒントや、歌い方のコツがいっぱいです。

階名・指番号付き

指番号は、次の音に滑らかに移れるように工夫しています。

3段階の難易度別楽譜

★あしたにむかって
★夢の欠片（かけら）

（ラクラク ver.）（ノーマル ver.）
（弾き歌いクール ver.）

ピアノを楽しく弾くコツ

♫ ピアノが苦手な保育者にまず始めてほしいこと

　知っている曲の中で、「これなら弾けそう」という易しい楽譜を選びましょう。楽譜を読むのが苦手でも、よく知っている曲だと、比較的早く曲のイメージをつかみやすいです。また、「ドレミファソラシド・ドシラソファミレド」の音階を滑らかに弾く、といったシンプルな練習を演奏の前に何回かしてみると、指や手首の使い方が上達します。

　心持ちとして、「正しく」とか「上手に」ということにとらわれ過ぎず、子どもたちの喜ぶ顔を想像しながら、"サプライズプレゼント"をつくっているつもりで練習に臨むのも良いかもしれません。焦ると楽しめなくなりますから、準備は早めに始めることをおすすめします。新しいことに挑戦してワクワクする気持ちを大切にピアノに向かえば、きっと子どもたちにもそのワクワクが伝わるはずですよ！

♫ 限られた時間で弾けるようになるために

　楽譜をブロックに分けて毎日少しずつ練習したり、片手ずつ練習したり、サビや自分が弾きたい所から練習したりするなど、自分に合った練習法を見つけましょう。また、右手の演奏がメロディーと重なっている楽譜なら、歌えるようになれば右手の音はなくても曲として成立するため、左手だけを頑張れば大丈夫（または、音を削ってもOKです）。手を抜いても仕上がりにあまり影響がない所は、楽をしちゃっても良いのです。弾けない所にこだわるより、弾けるようになった所を楽しく頑張り、自分の成長を褒めたり喜んだりしながら練習することが大切です。

♫ 子どもを指導しながら弾くには？

　子どもを指導するときは、できるだけ顔を見ながら演奏できると良いですね。演奏に余裕がないときは、伴奏だけを先に録音しておいたり、片手演奏をしたりして、笑顔で一緒に歌える環境をつくると、子どもたちは劇的にすてきに歌えるようになります。優しい音で演奏すると子どもたちの声も優しくなりますが、固く乱暴な音だと子どもたちの声も固くなりますので気を付けて。また、「もっと大きな声で」「もっと元気に」は禁句にして、笑顔で歌えるような雰囲気をつくりながら、温かい気持ちで演奏すれば、しぜんと明るく元気な声が引き出せるでしょう。

子どもがもっと
歌を楽しめるようになるコツ

初めての曲に興味をもてるようにするには？

♪ 理由をもって選曲しよう

選曲の前に、子どもたちの様子をよく観察します。そして、今の子どもの状態や出来事にピッタリな曲や、将来への願いをもって選曲すると良いでしょう。たとえば、失敗して落ち込みやすい子どもたちなら、失敗を恐れない勇気を育めそうな曲を、友達との思い出を大切にしてほしいと感じたなら、友達のすばらしさを歌う曲を選ぶなどです。本書は、「歌詞メッセージ」を曲ごとに示しています。参考にしてみてくださいね。

♪ "出会い方"はすてきに♡

何でも第一印象は大切です。難しいと感じると挑戦意欲が湧きにくいので、最初に曲を紹介するときは、少し工夫をして楽しそうに、またはすてきに。たとえば、サビがはっきりとした曲ならば、まずはサビだけ一緒に歌おうよ、と呼び掛けると、気軽に参加でき、やる気を引き出しやすくなります。また、その曲に関係のある本や映像、グッズなどがある場合は、それらを一緒に紹介するのも良いでしょう。加えて、選曲理由や、その曲を好きな理由を具体的に伝えることも、子どもたちがその曲を身近に感じ、興味をもつきっかけとなるでしょう。

楽しみながら上達していく伝え方とは？

♪ 替え歌遊び作戦

ふとしたときに、保育者が歌の一部を替え歌にして口ずさむと、子どもたちは「この歌、遊んじゃってもいいの？」と感じます。そして、子どもにとってその歌が身近な存在になり、勝手に替え歌をして遊ぶようになれば大成功！ 歌そのものを子どもたちが好きになってどんどん楽しく歌えるようになっていきます。

♪ 振り付け
お楽しみ作戦

歌の途中やサビに、決めポーズや手拍子、ノリノリダンスを付けると、そのシーンが来るのを楽しみにしながら、ワクワクして歌えるようになります。ポーズやダンスは、子どもたちと話し合って決めると更に効果的です！

♪ 発表会ごっこ作戦

指導されているだけでは喜びを今一つ実感できない子どもも、お客さん役と発表する役とに分かれ、歌う立場と聞く立場の両方を経験すると、歌う楽しさを感じられるようになります。このときに、ネガティブな感想ではなく、必ず良い点を褒め合うようにすると、楽しい経験として発表への意欲が高まります。録音をして客観的に自分たちの声を聞く活動も楽しめると思います。

歌が苦手な子どもへの伝え方とは？

♪ よく褒め、一人ひとりに合った関わり方を提案し、自信をもてるように

　歌うことに苦手意識をもっている子どもは、特によく観察して、褒めるポイントを見つけましょう。「笑顔が良いね」「動きが良いね」「歌詞もう覚えたの？」などで良いのです。「先生が好き」「見てくれている」…そういった気持ちが湧くだけでも変化が出てくると思います。

　歌が苦手な子どもには、必ず理由や事情があります。身体的な問題を抱えている場合は、参加できる範囲で協力を頼むと良いでしょう。どうしても歌えない、歌いたくない子どもがいたら、無理強いはやめましょう。長い人生のまだほんの入口です。「楽しかった」「次こそはやってみたい」…そんな次につながる気持ちを育てることが大切です（その場合、保護者に、発表会の前後で状況説明をし、こちらの意図をしっかりと伝えると良いでしょう）。

　もし、ダンスや楽器、指揮のまねならできるという場合は、思い切って特別な役をお願いしても良いかもしれません。みんなと同じことができなくても、大切な存在として居場所をつくってあげてください。見栄えよりも子どもの成長を大切に！

♪ 歌の意味を伝えよう

　歌に込められた意味をしっかりと説明します。歌は自分の気持ちを保護者や友達、遠くにいる誰かに届ける贈り物なのだということ、歌うことで喜んだり元気が出たりする人がいることなど、歌う意味やねらいを伝えてみましょう。「歌ってみようかな」という気持ちを引き出すことにつながるでしょう。

♪ 笑わせたり、リラックスさせたりしよう

　歌は、リラックスしたときに一番良い声が出ます。「頑張らなくちゃ」と思っていたり緊張したりしていると、筋肉がこわばって思うように発声できません。ジャンプをしたり、顔のトレーニングとして変顔をしてみたり、ぐにゃぐにゃと体を動かしてタコダンスをしたりするのも、心身がほぐれて良いですよ。

発表会のハッピーソング

歌詞メッセージ ▶ 前向き

にじ

作詞／新沢としひこ　作曲／中川ひろたか　編曲／滝川弥絵

\ 音源チェック /

雨にぬれたシャベルや洗濯物の気持ちを思いやり、雨で遠足が延期になってしまった子を
いたわるように優しい気持ちで歌うと、明るくポジティブになれる不思議な歌です。

穏やかで温かい、優しい音になるように弾きましょう。

音が1音ずつ変化するのを
十分に味わって弾きましょう。

1. にわの　シャベルがー　いちに　ちぬれてー　あめが　あがってー
2. せんた　くものがー　いちに　ちぬれてー　あかぜに　ふかれてー
3. あのこの　えんそくー　いちに　ちのびてー　なみだ　かわいてー

くしゃみ　をひとつー　くもが　ながれてー　ひかり　がさしてー

レミ♯ファソと気持ちがつながるように弾くと気持ち良いです。

1
にわのシャベルが　いちにちぬれて
あめがあがって　くしゃみをひとつ
くもがながれて　ひかりがさして
みあげてみれば　ラララ

にじがにじが　そらにかかって
きみのきみの　きぶんもはれて
きっとあしたは　いいてんき
きっとあしたは　いいてんき

2
せんたくものが　いちにちぬれて
かぜにふかれて　くしゃみをひとつ
くもがながれて　ひかりがさして
みあげてみれば　ラララ

にじがにじが　そらにかかって
きみのきみの　きぶんもはれて
きっとあしたは　いいてんき
きっとあしたは　いいてんき

3
あのこのえんそく　いちにちのびて
なみだかわいて　くしゃみをひとつ
くもがながれて　ひかりがさして
みあげてみれば　ラララ

にじがにじが　そらにかかって
きみのきみの　きぶんもはれて
きっとあしたは　いいてんき
きっとあしたは　いいてんき

歌いたくなる♪ 保育のコツ

シャベルや洗濯物が擬人化されて出てくるので、たとえば、花に水をあげている子どもに、「お花さん、あ〜良い気持ち！　って言ってるね！」と声を掛けるなど、物や動植物を擬人化してみましょう。すると、思いやり深い優しい気持ちが芽生え、歌の歌詞にも思わず感情が込もるでしょう。

発表会の ハッピーソング

歌詞メッセージ ＞ 前向き

まほうのおまじない

作詞・作曲／柚梨太郎　編曲／滝川弥絵

\音源チェック/

子どもたちは魔法が大好き。「元気の出るおまじないだよ」と言ったら、
きっと目を輝かせて歌いたくなることでしょう。

ピコッ！ とかわいらしく弾きます。

歌い出しを誘導する大切な部分ですので、
明るくはっきりとした音で子どもたちをリードしましょう。

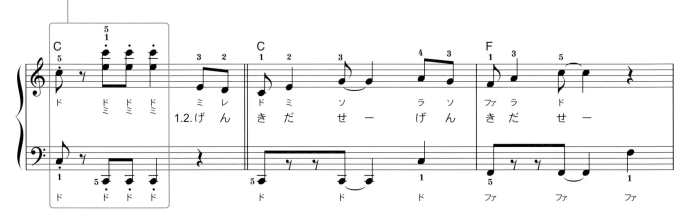

指がもつれて歌のリズムを崩しそうなときは、
音を省略して ♪♪ ♫ くらいにすると、
きれいに弾けて、歌いやすいです。

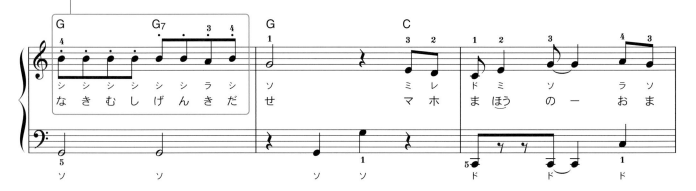

1 げんきだせ　げんきだせ　なきむしげんきだせ
マホまほうのおまじない　となえればへいきさ
マハリクマハマハ　ヒラケゴマゴマ
イナクタイブージョイダブ
げんきだせ　げんきだせ　なきむしげんきだせ
マホまほうのおまじない　となえればへいきさ

2 げんきだせ　げんきだせ　なきむしげんきだせ
マホまほうのおまじない　となえればへいきさ
ハラヒレナンジャモンジャ　スマイルエッサイム
イナクワコブージョイダブ
げんきだせ　げんきだせ　なきむしげんきだせ
マホまほうのおまじない　となえればへいきさ

ここも指がもつれるようなら、
♩♫♩♫くらいに音数を減らしてもOK！

「ダイジョーブ　イタクナイ」の
逆さ言葉＋ブですね！

おまじないの所は、
歌詞がピアノに消されないように、
やや抑え気味に弾きましょう。

魔法使いの帽子をかぶって、「昨日夢の中に出てきた魔法使いがおまじないを教えてくれたんだけど、知りたい？ やってみたら効き目があったんだけど～」と話をしてもったいぶってから、「マハリクマハマハ～」とおまじないを教えます。おまじないを覚えられたら、「これを早口で言え

たらえ～らい！」などとバリエーションをつけて楽しんでみてください。魔法使いごっこができる遊びのコーナーを作っても良いですね。歌いながら、「自分は大丈夫」という自信や、自己肯定感を育めるように配慮しましょう。

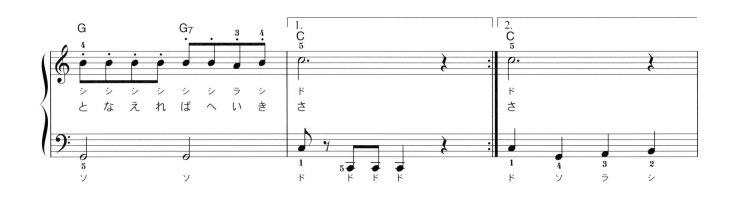

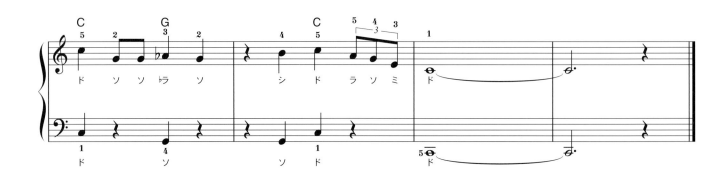

歌詞メッセージ 〉 前向き

ホ！ホ！ホ！

作詞／伊藤アキラ　作曲／越部信義　編曲／滝川弥絵

\音源チェック/

「ホホホホ　ユレユレ〜」と繰り返すうちに、一体感が出てきます。
「仲間と一緒に歌うのって楽しいな！」という思いが生まれ、しぜんと笑顔になれる曲です！

にこにこしながらリズムにのって弾くと、
子どもたちの笑顔を引き出せますよ！

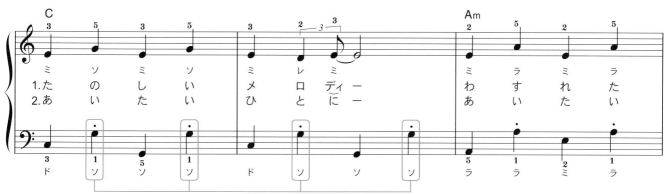

やや軽めの音で。

手首の力を抜いて軽く跳ねるように弾くと、ウキウキ感を出せます。

1 たのしいメロディー　わすれたときは
よんでみようよ　あおぞらに
ホ　ホ　ホ　ホ　ユレユレユレユレ
ホ　ホ　ホ　ホ　ユレユレユレユレ
かえってくるよ　あのメロディーが
ホ　ホ　ホ　ホ　ユレユレユレユレ
ホ　ホ　ホ　ホ　ユレユレユレユレ
よんでみようよ　あおぞらに

2 あいたいひとに　あいたいときは
よんでみようよ　そのなまえ
ホ　ホ　ホ　ホ　ユレユレユレユレ
ホ　ホ　ホ　ホ　ユレユレユレユレ
かえってくるよ　あのほほえみが
ホ　ホ　ホ　ホ　ユレユレユレユレ
ホ　ホ　ホ　ホ　ユレユレユレユレ
よんでみようよ　そのなまえ

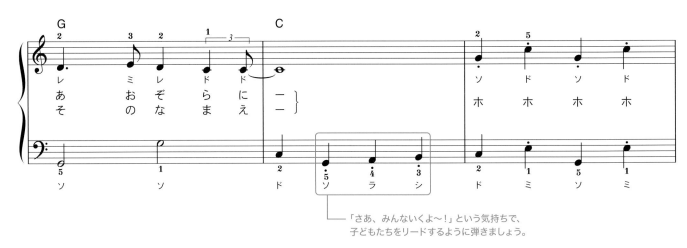

└─ 「さあ、みんないくよ〜！」という気持ちで、
　子どもたちをリードするように弾きましょう。

└─ ※「ユレユレ」の言葉を置き換えて、
　いろいろ遊んでみるのも楽しいですよ！

┌─ おしゃれな部分ですが、
　子どもは少し歌いにくいかもしれません。
　メロディーをしっかりと聞かせてあげましょう。

└─ 落ち着いた、
　やや重めの音で。

└─ ここは滑らかに美しく弾きましょう。

「楽しくなれる魔法のおまじないの歌を教えてあげるね」と期待感をもたせてから、保育者は体全体でノリながら演奏し、曲の楽しさを伝えましょう。「一緒に揺れてみようか」と前後左右に揺れる、体の一部を動かすなど身体反応から入ると、すぐこの歌に親しめます。みんなと違う反応をして楽しむ子どもがいたら、「それもいいね！」と動きを取り入れたり、「『ホホホホ』の歌詞でほっぺ触ろうか？」「『ユレユレ』はお尻振っちゃおうか？」など、歌詞と動きのおもしろさを連動させたりしながらメロディーや歌詞を伝えていくと、いつの間にかみんなが覚えていると思いますよ！

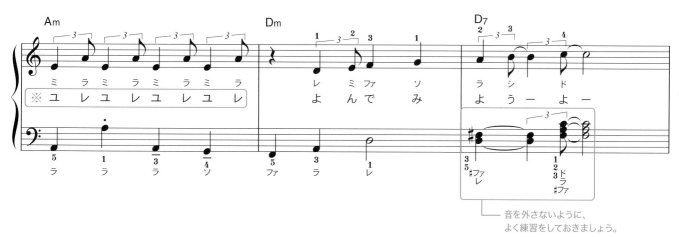

音を外さないように、よく練習をしておきましょう。

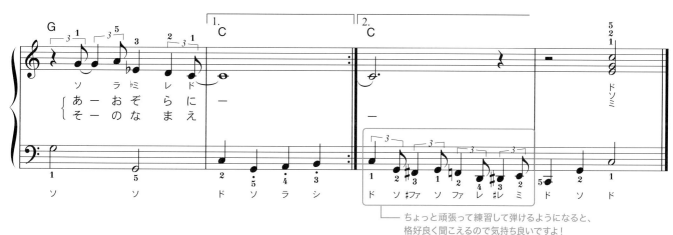

ちょっと頑張って練習して弾けるようになると、格好良く聞こえるので気持ち良いですよ！

発表会 卒園式 スペシャルソング

17

発表会の ハッピーソング

歌詞メッセージ　前向き

うたえバンバン

作詞／阪田寛夫　作曲／山本直純　編曲／滝川弥絵

\音源チェック/

NHKの『ワンツー・どん』などで歌われ、小学校でも合唱曲として人気のある曲です。
飛び切り笑顔の似合う、明るく元気になれる曲なので、発表会にもピッタリです。

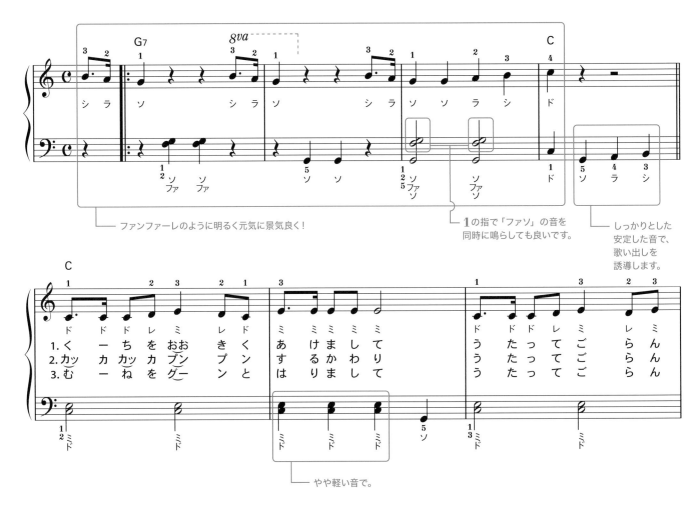

ファンファーレのように明るく元気に景気良く！

1の指で「ファソ」の音を
同時に鳴らしても良いです。

しっかりとした
安定した音で、
歌い出しを
誘導します。

やや軽い音で。

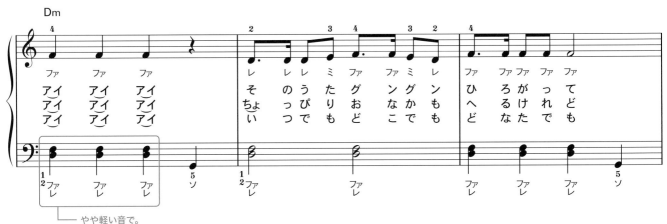

やや軽い音で。

1
くちをおおきくあけまして
うたってごらん　アイアイアイ
そのうたグングンひろがって
だれかのこころとこんにちは
あああ　いいな　うたごえはアイアイアーイ
せかいいっぱいいっぱいいっぱい　ララひびきあう

うたうたえ　うたうたえ
うたえバンバンバンバンバン
うたうたえ　うたうたえ
うたえバンバンバンバンバーン

2
カッカカッカプンプンするかわり
うたってごらん　アイアイアイ
ちょっぴりおなかもへるけれど
こころがドカンとひらきます
あああ　いいな　あおいそらアイアイアーイ
あたらしいひがいま　ララやってくる

うたうたえ　うたうたえ
うたえバンバンバンバンバン
うたうたえ　うたうたえ
うたえバンバンバンバンバーン

3
むねをグーンとはりまして
うたってごらん　アイアイアイ
いつでもどこでもどなたでも
こころがホカホカあったまる
あああ　いいな　うたごえはアイアイアーイ
うちゅういっぱいいっぱいいっぱい　ララひびきあう

うたうたえ　うたうたえ
うたえバンバンバンバンバン
うたうたえ　うたうたえ
うたえバンバンバンバンバーン

ここまでは行進のようなリズムですが、
ここからは滑らかな音で弾きましょう。

丁寧に。

ここからまたズンズンと活発に。
手拍子が鳴るようなイメージで。

ポジティブな気持ちになれる歌として紹介すると、歌いたい気持ちが高まります。雨の日だったら「明るい気分になれる歌を教えてあげるね」、元気のない子どもがいる日なら「元気の出る歌を教えてあげるよ」など、シチュエーションによって紹介の仕方を変えてみましょう。「アイアイアイ」という言葉が繰り返し出てくるので、その言葉で動物やハートなどのポーズをすると決めておくと、更に楽しく歌えますね。「アイアイアイ」の言葉は、「ワッハッハ」や「にゃ〜」などに替えても楽しめます。

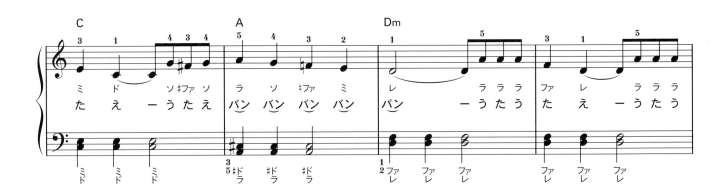

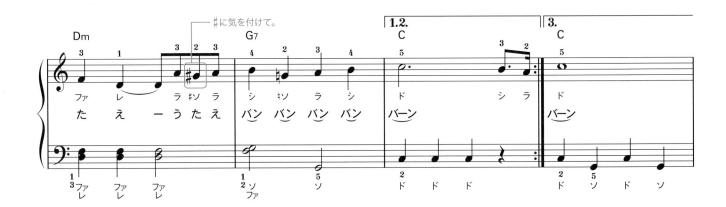

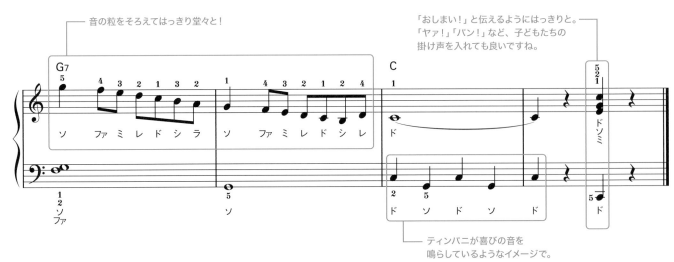

音の粒をそろえてはっきり堂々と！

「おしまい！」と伝えるようにはっきりと。
「ヤァ！」「バン！」など、子どもたちの
掛け声を入れても良いですね。

ティンパニが喜びの音を
鳴らしているようなイメージで。

発表会の **ハッピーソング**

歌詞メッセージ　前向き

世界中のこどもたちが

作詞／新沢としひこ　作曲／中川ひろたか　編曲／滝川弥絵

\音源チェック/

世界中の子どもたちの幸せを願う深い愛情と、子どもたちの可能性やパワーを感じることのできる、優しさと希望に満ちた、スケールの大きな歌です。

ズンズンと行進しているようなイメージで。

歌い出しを「ワン　ツー　スリー！」と合図して教えてあげるイメージで。

「が」がきついイメージにならないように歌いましょう。

この部分のメロディーは、半音使いがとってもおしゃれ。しっかりと音程を取れると、感動的に仕上がりますよ！

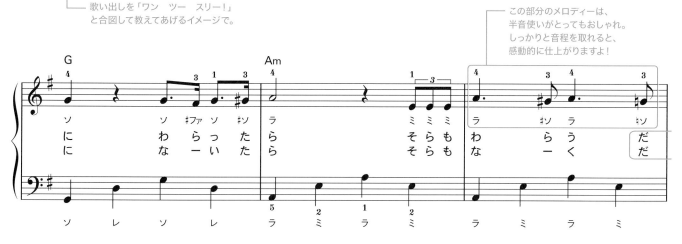

21

発表会　卒園式　スペシャルソング

1 せかいじゅうのこどもたちが
いちどにわらったら　そらもわらうだろう
ラララ　うみもわらうだろう

2 せかいじゅうのこどもたちが
いちどにないたら　そらもなくだろう
ラララ　うみもなくだろう

ひろげようぼくらのゆめを
とどけよう　ぼくらのこえを
さかせよう　ぼくらのはなを
せかいににじをかけよう

せかいじゅうのこどもたちが
いちどにうたったら　そらもうたうだろう
ラララ　うみもうたうだろう

「〜だろう」という歌詞がたくさん出てきます。
「ろう」の発音は、「う」を少し力を抜いて歌うと、美しく聞こえますよ。

★「を」は短めに歌い、
上手にブレスできるようにしましょう。

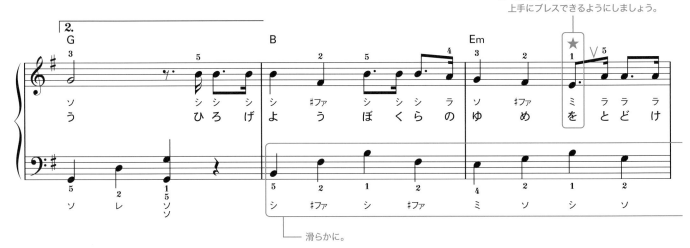

滑らかに。

導入に「世界中の子どもたちが一度に笑ったらどうなると思う?」と質問して意見を出し合い、「この歌の答えはこうでした〜!」と歌詞に注目させたり、「すてきな歌を見つけたから聞いて!」と、子どもに手拍子をしてもらいながら歌ったりしても良いですね。歌詞を

早く覚えるコツは、"ほっぺを触る""タヌキの腹太鼓"などの動きを付けることです。振り付けを楽しみながら歌うと、しぜんと後半を覚えるのも早くなります。後半の「夢」「声」「花」の歌詞が出にくいときは、子どもたちと振りを考えると、演出効果も上がり、良いですよ!

力まずに、きれいな高音を出せるように練習しましょう。

発表会 卒園式 スペシャルソング

しっかりと響かせましょう!

フィナーレにふさわしく堂々とした音で。

歌詞メッセージ ＞ 前向き

えがおはいいな

作詞・作曲／滝川弥絵

\ 音源チェック/

世界を明るくするのは子どもたちの笑顔です。楽しいことを自分から見つけて
笑顔になれる人になってほしい…。そんな願いから、この歌は生まれました。

明るく楽しいイメージで前奏を弾くと、明るい声を引き出せます。

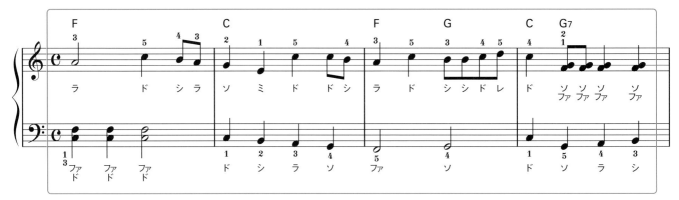

★ で手拍子も入れると
盛り上がります。

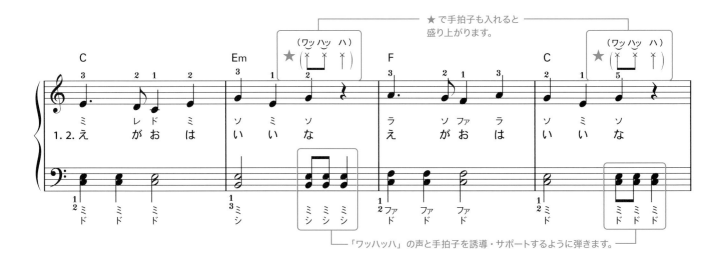

「ワッハッハ」の声と手拍子を誘導・サポートするように弾きます。

1 えがおはいいな　えがおはいいな
だれかがわらうと　しあわせになる
ないてるのだあれ　おこってるのだあれ
たのしいことみつけて　わらおうよ
えがおはいいな　えがおはいいな
みんなでいっぱい　わらおうよ　ワッハッハ！

2 えがおはいいな　えがおはいいな
だれかがわらうと　しあわせになる
さびしいのはだあれ　おちこんでるのだあれ
たのしいことみつけて　わらおうよ
えがおはいいな　えがおはいいな
みんなでいっぱい　わらおうよ　ワッハッハ！

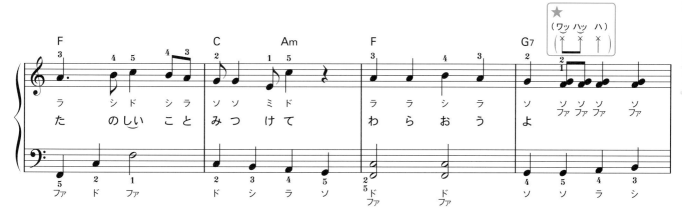

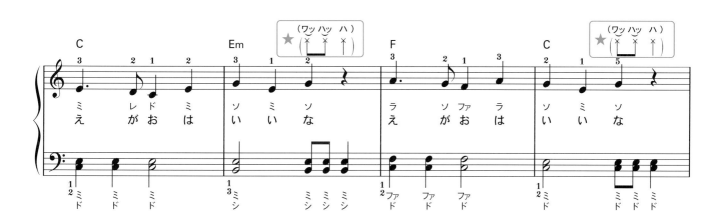

発表会　卒園式　スペシャルソング

25

歌いたくなる♪ 保育 の コツ

ワッハッハ！ とみんなでうたってみ
るだけで、本当に笑えてくる、魔法の
ような歌です。前奏や後奏ではかわい
いダンスを付けると更に気分が盛り上
がります。「いいな」の歌詞の「な」の
音に重ねて「タタタン」と手拍子を入

れると、ワクワク度が増し、みんなで
同じリズムを鳴らすことで一体感も生
まれます。元気が湧いてくる上、周り
も明るくするこの歌を、子どもたちの
笑顔パワー全開で、思いっ切り楽しく
元気にうたってほしいです！

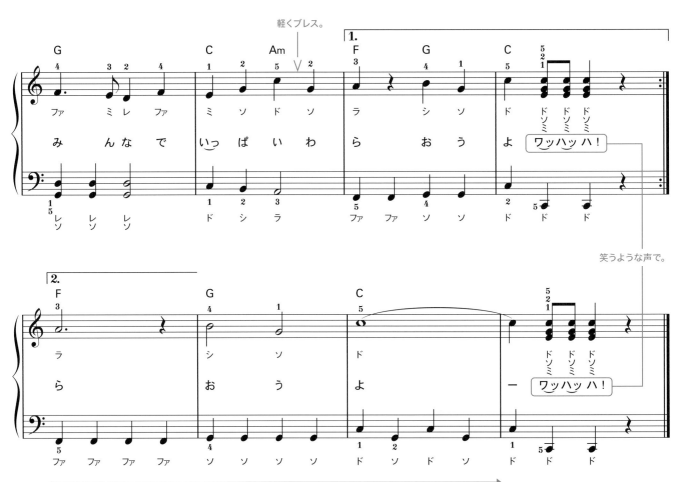

発表会の
ハッピーソング

歌詞メッセージ 友達

笑顔がかさなれば

作詞／作曲／柚梨太郎 編曲／滝川弥絵

＼音源チェック／

恥ずかしがり屋でなかなか自分からうまく友達を誘えない子も、
この歌を繰り返しうたううちに「あそぼ！」と言う勇気が湧いてくるような、ポジティブな歌です！

子どもたちの歌う意欲を引き出す、大切な役割の前奏です。この部分を弾いただけで、
子どもたちがウキウキしてくるように、右手をやや弾ませて弾きましょう！

発表会　卒園式　スペシャルソング

歌詞

1
えがおをおくれば　えがおがかえるよ
ほほをゆるめてみれば　いいかおになります
まつのもいいけど　ぼくからおくろう
みちばたのはな　すずめ　ねこたちに
だいすきなともだちに
えがおが　かさなれば
おなかがあたたまるよ
えがおが　かさなれば
うたいたくなるのさ　みんなで

2
なみだをおくれば　なみだがかえるよ
くちびるゆるめてみれば　いいかおになります
がまんもいいけど　ぼくからおくろう
きまぐれなかぜ　みずたまりのそら
だいすきなともだちに
なみだが　かさなれば
おなかがあたたまるよ
なみだが　かさなれば
うたいたくなるのさ　みんなで

3
てのひらおくれば　てのひらかえるよ
てとてつないでみれば　いいかおになります
はずかしいけれど　ぼくからおくろう
となりのそのまたとなりのひとにも
だいすきなともだちに
てのひらが　かさなれば　おなかがあたたまるよ
てのひらが　かさなれば　うたいたくなるのさ　みんなで
えがおが　かさなれば　おなかがあたたまるよ
えがおが　かさなれば　うたいたくなるのさ　みんなで

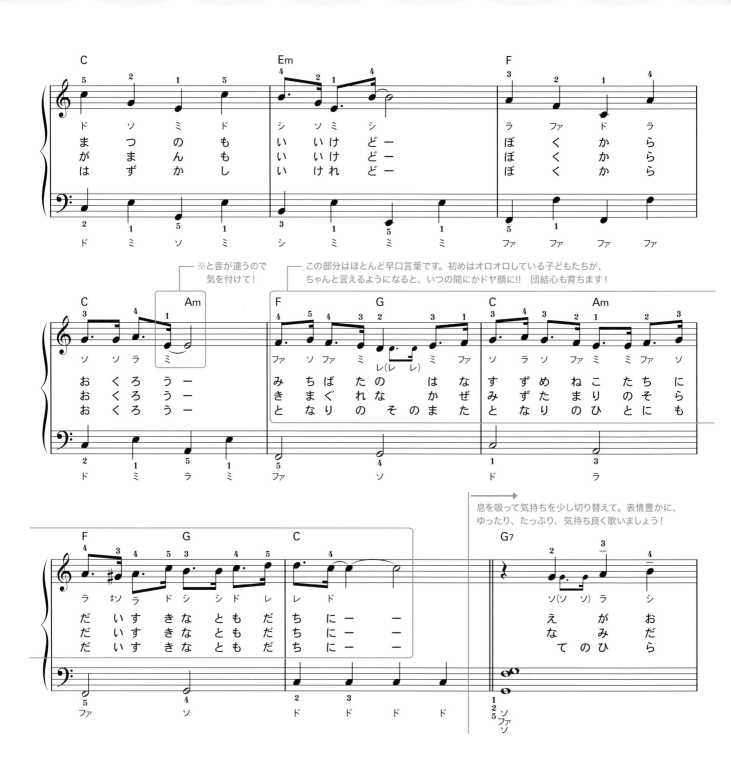

※と音が違うので
気を付けて！

この部分はほとんど早口言葉です。初めはオロオロしている子どもたちが、
ちゃんと言えるようになると、いつの間にかドヤ顔に!!　団結心も育ちます！

息を吸って気持ちを少し切り替えて。表情豊かに、
ゆったり、たっぷり、気持ち良く歌いましょう！

28

歌いたくなる♪ 保育 の コツ

「今日○○ちゃんが、にこって笑って『おはよう』と言ってくれたから元気が湧いてきたよ。笑うと、明るい良い声に変わるんだよ。実験してみる？」といろいろと表情を変えて「おはよう」と言ってみましょう。次に顔を隠して表情を当てっこしたり、声が変わることを確

かめたりしてみましょう！　笑顔には自分が元気であることや、相手に対する好意を伝える力があることを、日常生活でも染み渡るように丁寧に伝えましょう。「みちばたの〜ともだちに」は早口言葉になっているので、ピックアップして滑舌練習を楽しんでも良いですね。

歌詞メッセージ 未来 夢 希望

あおいそらにえをかこう

作詞／一樹和美　作曲／上柴はじめ　補編曲／上柴はじめ　編曲／滝川弥絵

＼音源チェック／

この歌には、豊かな想像力で未来を切り開いていってほしいという、子どもたちへの
願いが込められているのかもしれません。夢が詰まった、かわいいストーリーを楽しみましょう！

1
あおいそらにえをかこう
おおきなおおきなふね
あのふねにのってしゅっぱつだ
ボクらのしまへ
あしたは(エイ!ヤァー!)
あしたは(エイ!ヤァー!)
あしたは ボクらのせかいだ
あしたは(エイ!ヤァー!)
あしたは(エイ!ヤァー!)
ボクらのせかいだ

2
しろいくものマストには
いっぱいいっぱいかぜ
ひこうきぐものかじとって
ボクらのしまへ
あしたは(エイ!ヤァー!)
あしたは(エイ!ヤァー!)
あしたは ボクらのせかいだ
あしたは(エイ!ヤァー!)
あしたは(エイ!ヤァー!)
ボクらのせかいだ

3
ほしのランプにひがともる
ちいさなちいさなゆめ
ながれぼしをおいかけて
もうすぐあしたへ
ボクらの(エイ!ヤァー!)
ボクらの(エイ!ヤァー!)
ボクらの せかいにとうちゃくだ
ボクらの(エイ!ヤァー!)
ボクらの(エイ!ヤァー!)
せかいにとうちゃくだ

歌いたくなる♪ **保育のコツ**

空の色、広さ、雲の形を観察し、空を海に見立てて空想を楽しみます。「魔法のクレヨンで空に絵を描くと本物になるとしたら、何を描く?」と働き掛け、話し合ったり絵を描いたりしてから歌を紹介しましょう。船乗り気分で「エイ! ヤァー!」と声を出し合うと、団結や未来への希望を感じられますね。

発表会 卒園式 スペシャルソング

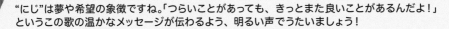

にじのむこうに

作詞・作曲／坂田　修　編曲／滝川弥絵

＼音源チェック／

"にじ"は夢や希望の象徴ですね。「つらいことがあっても、きっとまた良いことがあるんだよ！」
というこの歌の温かなメッセージが伝わるよう、明るい声でうたいましょう！

「ドーシーラー」の音を響かせ、8分音符は歌うように手首の力を抜いて弾きましょう。

息をたっぷり吸って。

明るく澄み切った声で、「みんな！　あがったよー！」と
遠くにいる人にうれしい気持ちを届けるように歌いましょう！

「次からウキウキした曲調になるよ！」という子どもたちへの合図のつもりで、
左手はイキイキと演奏しますが、「ソ」は手首を浮かせるようにして力を抜き、きれいに弾きましょう！

歌詞

あめがあがったよ　おひさまがでてきたよ
あおいそらのむこうには　にじがかかったよ
さがしにゆこう　ぼくらのゆめを　にじのむこうに
なにがあるんだろう
てとてをつなげば　げんきがでるのさ
まほうみたいだね　どこでもゆけるさ
このゆびに　とまれ(おーい！)
しゅっぱつだぞ　あつまれ(おーい！)

つないだてとてに　つたわるよあったかい
ポッカポカのおひさまと　おなじにおいがする
あめがあがったよ　おひさまがでてきたよ
あおいそらのむこうには　にじがかかったよ
にじがかかったよ

ズンズン歩いて冒険に出掛けるような気分で歌います！

発表会　卒園式　スペシャルソング

おしゃべりするように表現豊かに。
言葉をはっきり歌うとすてきです！

33

歌いたくなる♪ 保育のコツ

雨が降ったときは、虹の空想をすると楽しいですね。もし虹の向こうに国があるとしたらどんな国かな？ 鳥の国？ それともドラゴンかな？ その国では虹のドレスを着て、虹のアイスを食べて、虹の鳥が飛んでいて…など、すてきなアイディアを出し合って楽しく盛り上がっ

たり、絵を描いたりしたあとに歌の紹介をすると、きっと興味をもって覚えることができるでしょう。手をつないだときに感じる温かさやうれしさも実際に体験できるようにすると、より歌詞に実感が湧きます。伸び伸びと希望に満ちた明るい声でうたえると良いですね。

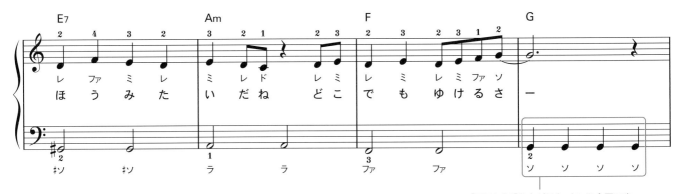

「ここから盛り上がるよ」という合図です。
子どもたちの気持ちをあおるように弾きましょう！

★子どもたちは、ここで大きな声を出して
発散できるのを楽しみにして歌いますよ！

歌を支える大切なベース音です。
シンプルな音の繰り返しですが、ズンズン響くように格好良く！

「おーい！」の後のメロディーを
引き締めるスパイスの役目をしています。
キラッ☆とした音で美しく弾きましょう！

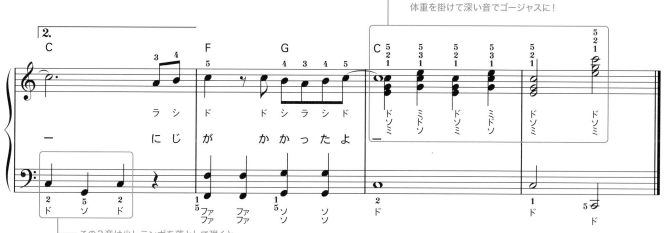

ここで終わりということが伝わるように、
体重を掛けて深い音でゴージャスに！

この3音は少しテンポを落として弾くと、
最後の「にじが〜」を丁寧にたっぷりと歌うことができます！

35

歌詞メッセージ 地球

地球はみんなのものなんだ

作詞／山川啓介　作曲／いずみたく　編曲／滝川弥絵

＼音源チェック／

身の回りの全てに感謝したくなるような、前向きな歌詞です。
ちょっぴり大人っぽい、おしゃれなメロディーも魅力です。

軽やかに弾きましょう。リズムに合わせて片足を左右交互に
斜め前へ出す振り付けを入れると、もっと楽しくなりますよ！

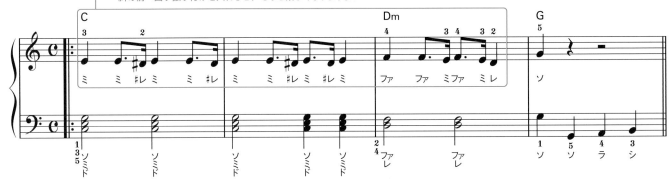

Ⓐ 軽めに弾いて、メロディーを支えましょう。

丁寧に響かせて！

1 さあ　みみをすましてごらん
いきてるものはみんな　うたってるよ
おんなじうたを　いっしょにうたおう
コーラスを　はじめよう
ひともとりもむしもケモノもはなもさかなも
みんなおんなじちきゅうにいきてるなかまだよ
なんだって　きょうだいさ
ちきゅうはみんなのものなんだ

2 さあ　みんなでこえをあわせ
いきてるよろこびを　うたおうよ
ちっちゃなありも　おおきなぞうも
なかよく　うたおうよ
きみもすずめもとんぼもゴリラもばらもくじらも
みんなおんなじちきゅうにいきてるなかまだよ
なんだって　きょうだいさ
ちきゅうはみんなのものなんだ

Ⓑ シンプルな伴奏ですが、大切なベース音なので、
1音1音丁寧に弾きましょう。

歌いたくなる♪ 保育 の コツ

宇宙が大好きな子どもたちといろいろな星の話をしたあと、私たちが住んでいる地球の魅力について話し合いましょう。自然環境に恵まれ動植物が一緒に住んでいる豊かな星であること、全ての生き物たちと仲良く支え合って生きていくことの大切さに気付いたあとに歌を紹介する

と、興味が高まります。「人も鳥も〜」の所はたくさんの生き物の名前が出てきますが、どんな生き物が出てくるかの当てっこ遊びをすると覚えやすいです。★では動物のポーズをして声を出すなど、子どものアイディアを歌に取り入れると、一層気持ちが盛り上ります！

ウキウキとした気分を演出しましょう。
楽しく、少しコミカルになるように、
やや弾んだ歌声でうたうと良いですね。

ⓒ子どもの歌声とキャッチボールするように、
生き生きと明るい音で弾きましょう！

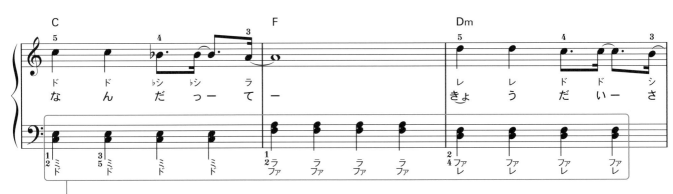

音の粒をそろえて、重たくならないように弾きます。

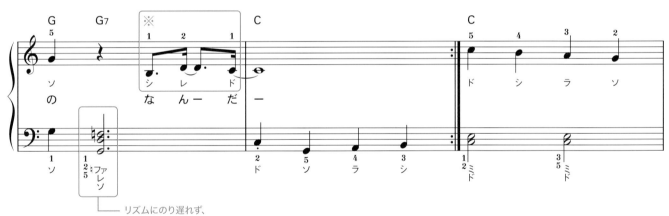

リズムにのり遅れず、
タイミング良く音が出せるように、よく練習しておきましょう！

※の所とは音が変わっています。
要注意！

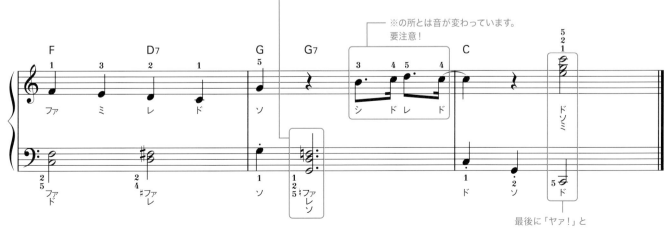

最後に「ヤァ！」と
全員で声を合わせるのも良いですね！

歌詞メッセージ　励まし　太陽　夢

太陽になりたい

作詞・作曲／滝川弥絵

\ 音源チェック /

太陽の温もりを思い出してほっこりできて、みんなが優しい気持ちになれる歌です。
子どもたちは、格好良い大人になった自分を想像し、気持ち良く歌い上げることでしょう。

音の粒をそろえて、キラキラと輝く光のようなイメージで弾きます。

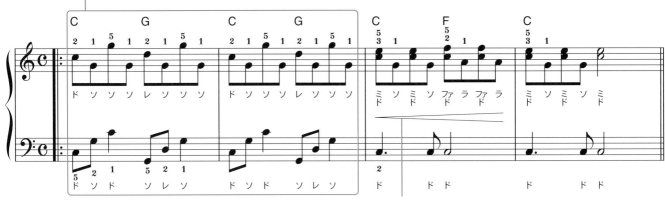

段々と盛り上がるように、
ややクレッシェンドに弾きます。

感情を込め過ぎて、
苦しそうな歌い方にならないように。

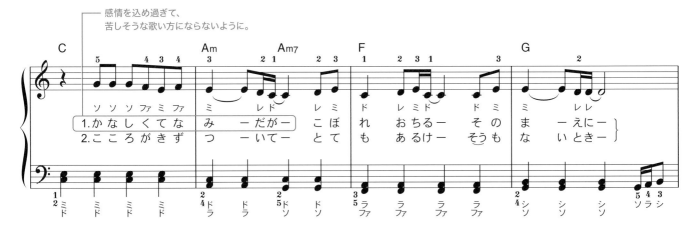

言葉が詰まっている所なので、初めはゆっくりと歌い、
歌詞をリズムに合わせられるように練習しましょう！

1
かなしくてなみだが　こぼれおちるそのまえに
そらをみあげてみたら　たいようがわたしに
やさしく　ほほえんでくれた
たいようはいつだって　せかいをてらしては
こごえてるだれかのこと　あたためつづけてる
なりたいな　なりたいな
わたしもたいようになりたい
なりたいな　なりたいな
たいようのようなあたたかなひとに

2
こころがきずついて　とてもあるけそうもないとき
そらをみあげてみたら　たいようがわたしを
やさしく　だきしめてくれた
たいようはいつだって　せかいをてらしては
こごえてるだれかのこと　あたためつづけてる
なりたいな　なりたいな
わたしもたいようになりたい
なりたいな　なりたいな
たいようのようなあたたかなひとに

「たいようはあったかい」
「たいようはやさしい」
「たいようはおおきい」
「たいようはもえている」

たいようはいつだって　せかいをてらしては
こごえてるだれかのこと　あたためつづけてる
なりたいな　なりたいな　わたしもたいようになりたい
なりたいな　なりたいな　たいようのようなあたたかなひとに

「落ち込んだとき、悲しいときに慰めてくれたり、励ましてくれたりするのは誰ですか?」とインタビューをしてみましょう。お父さん、お母さん、祖父母、友人、保育者など、いろいろな人の顔とともに、優しい言葉やハグ、温かいほほえみ、話を聞いてもらい元気が出たことを思い出すで

しょう。そのあと、いつもみんなを見ていて温かく包み込み、ほほえんでくれる「太陽」の存在に気付かせます。太陽を身近な人たちの象徴としてこの歌を紹介すると、大好きな人への想いや温かく心の大きな人になりたい、という想いを胸に、心の込もった表現ができるでしょう!

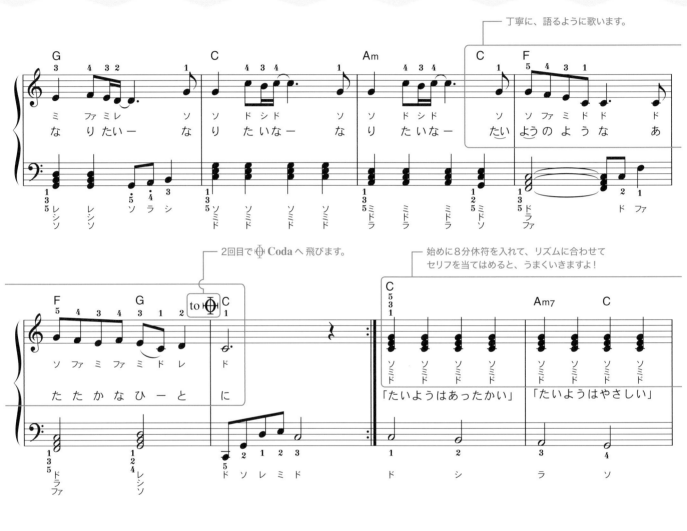

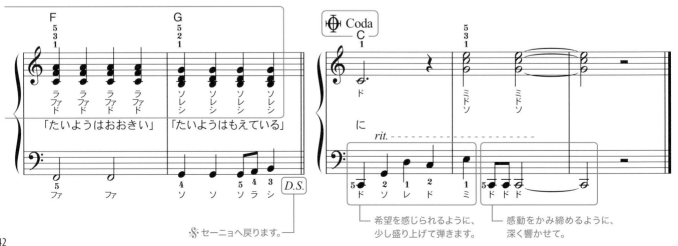

歌詞メッセージ ▶ 夢　地球　平和

世界がひとつになるまで

作詞／松井五郎　作曲／馬飼野康二　編曲／滝川弥絵

\ 音源チェック /

平和、愛のメッセージをたくさん感じられるすてきな歌です。この美しいメロディーを
子どもたちの透明感のあるしぜんな声で歌ったら、きっと聴く人の胸に染みると思います。

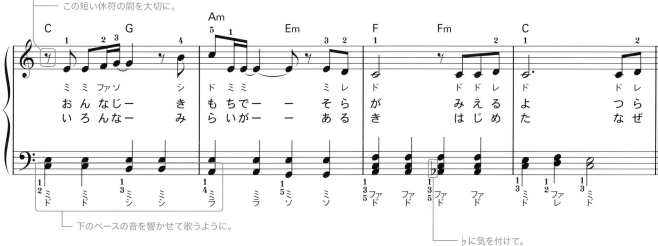

1
まぶしいひざしが　きみのなまえをよぶ
おんなじきもちで　そらがみえるよ
つらいとき　ひとりきりで　なみだをこらえないで
せかいがひとつになるまで　ずっとてをつないでいよう
あたたかいほほえみでもうすぐ　ゆめがほんとうになるから

2
はじめてであった　あのひあのばしょから
いろんなみらいが　あるきはじめた
なぜみんな　このちきゅうに　うまれてきたのだろう
せかいがひとつになるまで　ずっとてをつないでいよう
おもいでのまぶしさにまけない　とてもすてきなゆめがある

せかいがひとつになるまで　ずっとてをつないでいよう
あたたかいほほえみでもうすぐ　ゆめがほんとうになるから
せかいがひとつになるまで　ずっとてをつないでいよう
おもいでのまぶしさにまけない　とてもすてきなゆめがある
せかいがひとつになるまで　ずっとてをつないでいよう
ときめきはたからものいつでも　あいがあしたをまもるから

3回目で ✛ Coda へ飛びます。

右手をしっかりと響かせて！

ここから4小節の伴奏を頑張ると
ゴージャスに！

𝄉 セーニョへ戻ります。

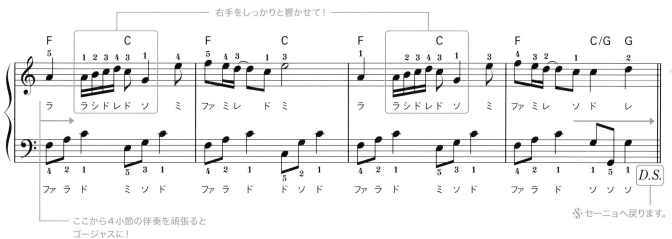

✛ Coda

サビは怒鳴らないように気を付けながら、気持ち良く歌いましょう。

この歌は大人が思うより、子どもたちは感覚的にさっと覚えられると思います。「格好良い歌だよ」「すてきな歌だけど知ってる？」と紹介し、サビから覚え始めて、少しずつ歌詞の意味について話し合いながら覚えていくと良いですね。どうやったら世界が一つになるの

かは難しい問いですが、子どもたちとの話し合いの中で、多様性を認め合う世界、思いやりのある世界、あるいはエコ問題の話に発展するかもしれません。結論を出そうと力み過ぎず、子どもたちの真剣なつぶやきを、丁寧に大切に受け止めて聞いてください。

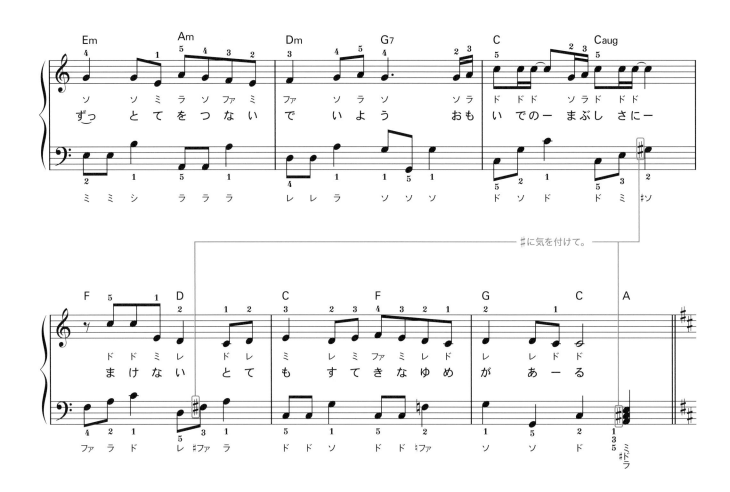

#に気を付けて。

ここから転調します！
気分が一段と盛り上がる所なので、
伴奏を頑張って!!

歌詞メッセージ 夢 旅立ち

はじめの一歩

作詞／新沢としひこ　作曲／中川ひろたか　編曲／滝川弥絵

\音源チェック/

勇気を奮い立たせてくれる、すがすがしい歌です。
美しいメロディーが引き立つように、シンプルで少し厳かにも感じる伴奏にしました。

落ち着いて、静かに、優しく、
音の粒をそろえて弾きましょう。

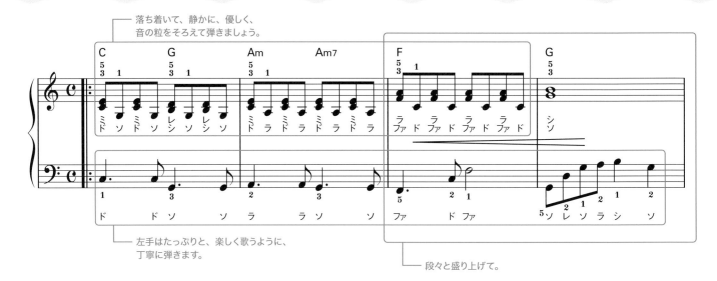

左手はたっぷりと、楽しく歌うように、
丁寧に弾きます。

段々と盛り上げて。

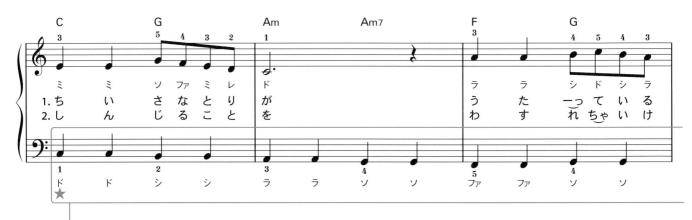

★ テヌート気味に。音の響きをかみ締めるようにして抑えめに弾き、
メロディーを目立たせましょう。

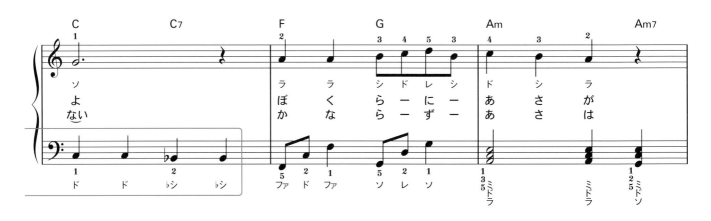

1 ちいさなとりが　うたっているよ
ぼくらにあさが　おとずれたよと
きのうとちがう　あさひがのぼる
かわのながれも　かがやいている

はじめのいっぽ　あしたにいっぽ
きょうからなにもかもが　あたらしい
はじめのいっぽ　あしたにいっぽ
ゆうきをもっておおきく　いっぽあるきだせ

2 しんじることを　わすれちゃいけない
かならずあさは　おとずれるから
ぼくらのゆめを　なくしちゃいけない
きっといつかは　かなうはずだよ

はじめのいっぽ　あしたにいっぽ
きょうからなにもかもが　あたらしい
はじめのいっぽ　あしたにいっぽ
うまれかわっておおきく　いっぽあるきだせ

子どもたちの夢を発表し合ってみましょう。
歌に親しみが湧きますよ！

発表会　卒園式　スペシャルソング

サビに向かって、
気分を盛り上げるように弾きましょう！

この歌を紹介したい理由を少し改まった感じで伝えたあと、静かに歌い始めるだけで、きっと子どもたちの心にこの歌が染み渡るはずです。一度に全部を覚えさせようとせず、「はじめの一歩〜」から声をそろえて歌うだけで一体感が出て、しぜんに歌えるようになっていくでしょう。

そのあと特別な朝は全てが違って見えることがある話などをして、前半の歌詞を少し丁寧に説明すると、どんどん歌えるようになっていきます。歌詞を覚え始めた子どもがいたら、「え〜もう覚えたの？」などと褒めながら、気分をどんどん高めていくと良いですね。

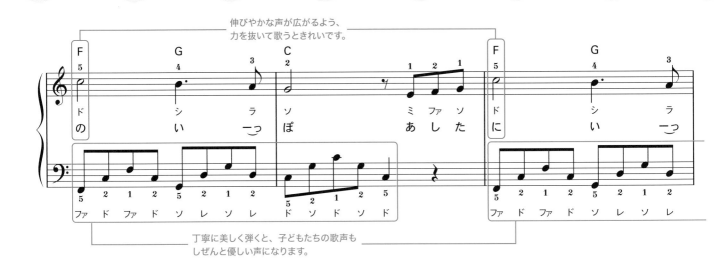

伸びやかな声が広がるよう、力を抜いて歌うときれいです。

丁寧に美しく弾くと、子どもたちの歌声もしぜんと優しい声になります。

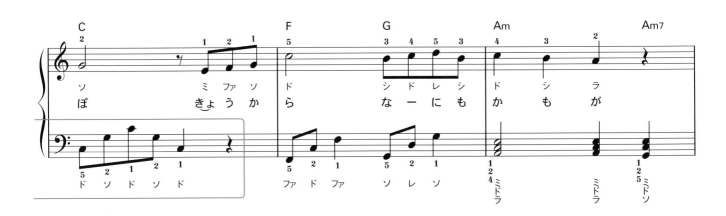

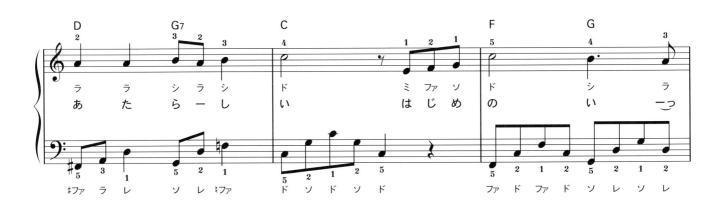

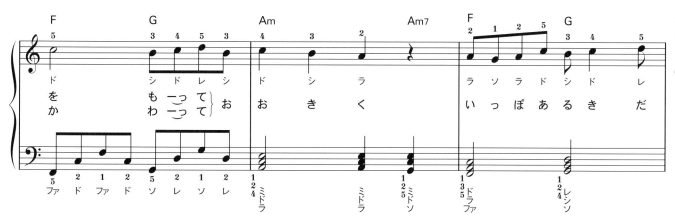

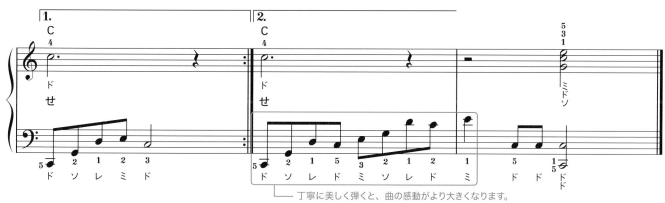

── 丁寧に美しく弾くと、曲の感動がより大きくなります。
　オルゴールが止まる前のように、段々とテンポを落としながら弾いても良いでしょう。

歌詞メッセージ　優しさ　勇気　旅立ち

優しいきもち

作詞・作曲／滝川弥絵

\音源チェック/

子どもたちの背中を押し、勇気や希望を与える応援ソングです。新しいことに挑戦する
勇気や、他者を思いやる優しさの両方を大切にしてほしいというメッセージが込められています。

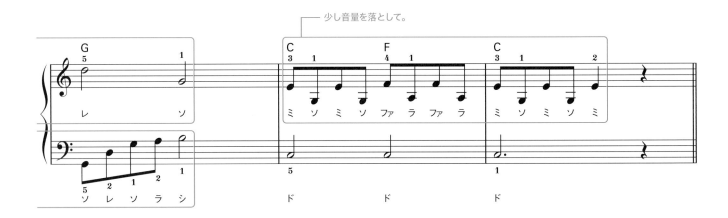

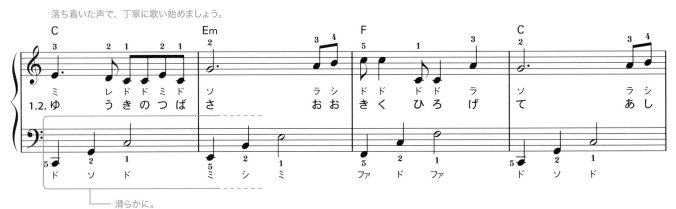

1
ゆうきのつばさ　おおきくひろげて
あしたのそらへと　さあとびだとう
ひろいせかいを　このめでたしかめ
それぞれのしあわせみつけるために
みしらぬものに　であったときは
おそれずうけいれ　てをとりすすもうよ

やさしいきもちは　ゆうきのエナジー
つよいつばさではばたこう

やさしいきもちは　ゆうきのエナジー
つよいつばさではばたこう

2
ゆうきのつばさ　おおきくひろげて
あしたのそらへと　さあとびだとう
あなたのえがおは　わたしのよろこび
ささえあってみんないきているのだから
ちいさなこえを　ききもらさないように
よくみてよくきき　こころでかんじよう
やさしいきもちは　ゆうきのエナジー
つよいつばさではばたこう　はばたこう

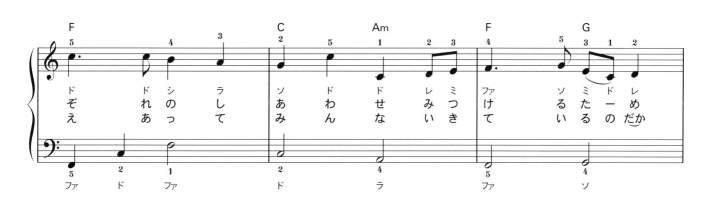

勇気と優しさは一見真逆のようですが、勇気ある行動には、必ずといって良いほど優しさが伴っています。弱いものを救ったり、自分の物を分けてあげたりといったニュースや、園生活での子どもの勇気あるエピソードを取り上げましょう。「勇気ある優しさをもって新しい環境に旅立ってほしい」という思いを伝えたら、歌いながらその思いをかみ締め、新しい環境への不安を勇気に変化させていけるはずです。「優しい気持ちをもった小学生になるから任せてね、という気持ちを届けよう」と働き掛ければ、しぜんと心の込もった歌い方になると思います。

「みしらぬもの」とは、たとえばどんなものがあるのか、話し合ってみると良いですね。
子どもたちも歌詞の意味をきちんと理解できます。

柔らかなタッチで。

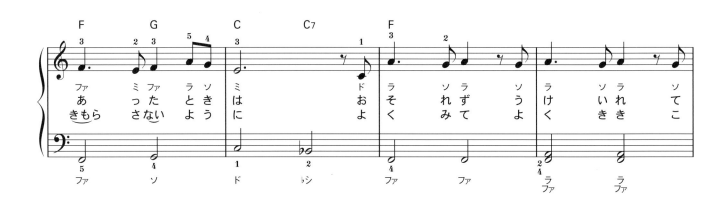

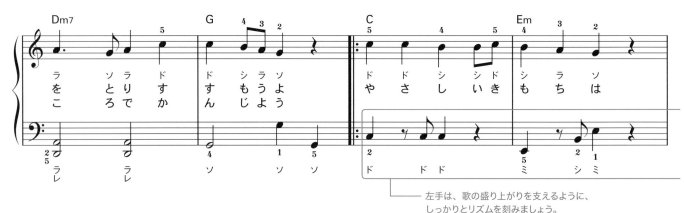

左手は、歌の盛り上がりを支えるように、
しっかりとリズムを刻みましょう。

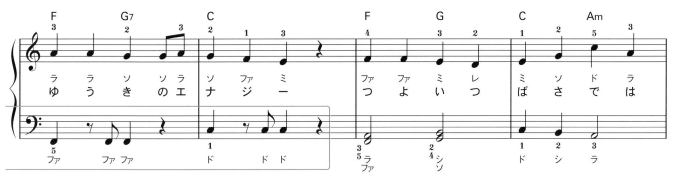

3回目で ⊕ Coda へ飛びます。

曲の始めに戻ります。

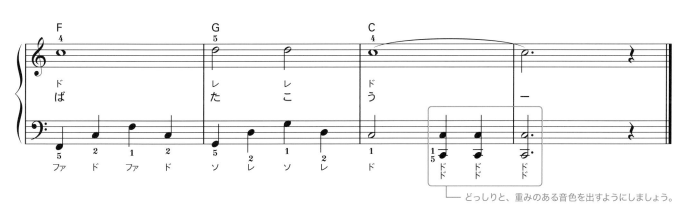

どっしりと、重みのある音色を出すようにしましょう。

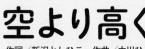

歌詞メッセージ　心　勇気　旅立ち

空より高く

作詞／新沢としひこ　作曲／中川ひろたか　編曲／滝川弥絵

＼音源チェック／

どんな困難にも負けず、高い志と強い心をもって前へ進みなさいと、
背中を押してくれる、優しく感動的な歌です。

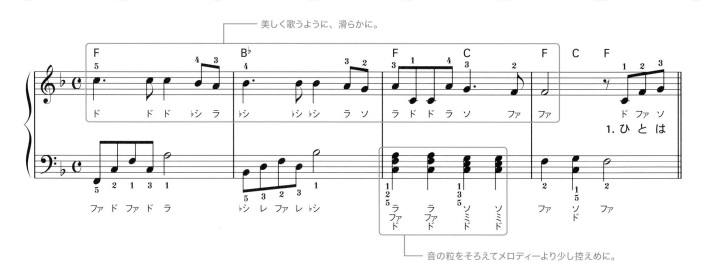

1 ひとは　そらよりたかい　こころをもっている
どんなそらよりたかい　こころをもっている
だからもうだめだなんて　あきらめないで
なみだをふいて　うたってごらん
きみのこころよ　たかくなれ
そらよりたかく　たかくなれ

2 ひとは　うみよりふかい　こころをもっている
どんなうみよりふかい　こころをもっている
だからもういやだなんて　せをむけないで
みつめてごらん　しんじてごらん
きみのこころよ　ふかくなれ
うみよりふかく　ふかくなれ

だからもうだめだなんて　あきらめないで
なみだをふいて　うたってごらん
きみのこころよ　ひろくなれ
そらよりひろく　ひろくなれ
きみのこころよ　つよくなれ
うみよりつよく　つよくなれ

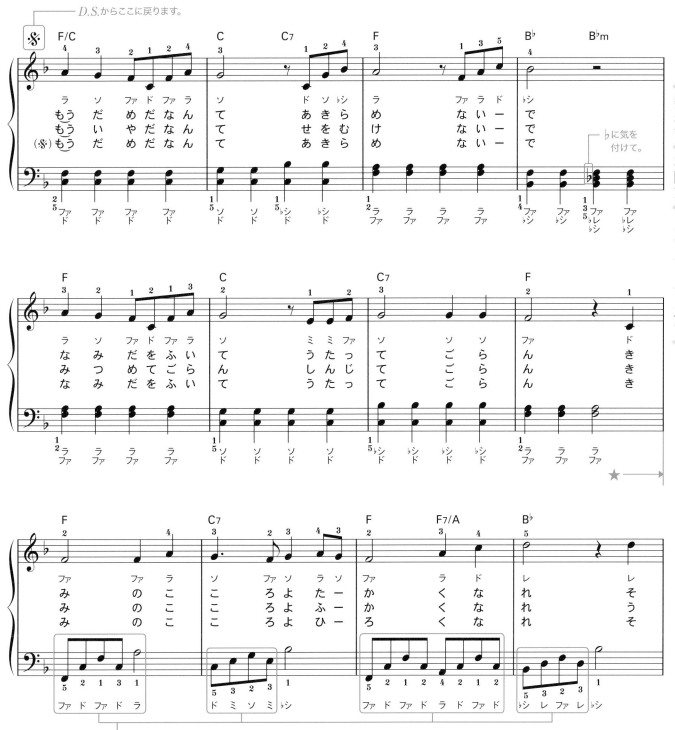

「大好きなあなたたちがくじけそうになったとき
に、勇気が出る歌をプレゼントします」と紹介
すると、熱心に耳を傾け覚えてくれるでしょう。
メロディーは美しく、うたいやすく、深く心に届
く歌です。「空より高い心って何？」と理屈で答
えを出すより、それぞれが何かを感じて歌える

と良いですね。Coda前まで歌えたら、その後
を教えてあげる、と少し出し惜しみすると、覚え
たい！ という気持ちをかき立てます。歌える
ようになってから『蛍の光』を紹介すると、「知っ
てる曲だ！」と驚きとともに得意げな気持ちで、
更に気に入って歌うようになりますよ。

後奏は、たっぷり息を吸ってから、
高い空を見上げるようなイメージで
とにかく美しく。

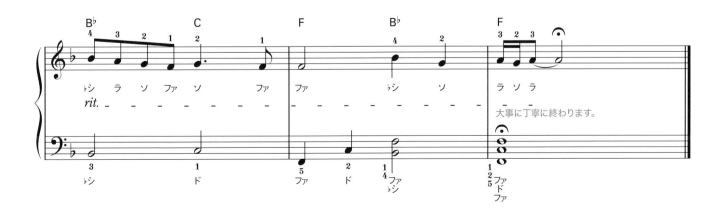

発表会・卒園式の キラキラソング

歌詞メッセージ > 感謝

ありがとうの花

作詞・作曲／坂田おさむ　編曲／池 毅　編曲／滝川弥絵

\音源チェック/

この歌は、「ありがとう」を介して生まれた笑顔を、街中に咲いた花に例え、感謝の気持ちを伝えることの大切さ、すばらしさに気付かせてくれます。

— 子どもたちの気持ちを盛り上げるように。
　右手は美しく丁寧に、歌うように滑らかに弾きましょう。

— この部分は、左手の伴奏だけでも十分に歌をサポートできます。
　子どもたちの歌声が映えるように、右手はさらっと軽く弾くと良いですよ。

1.ありがとう っていったら
2.ぼくらのゆめ は みんなと

みんながわらってる
いっしょにうたうこと

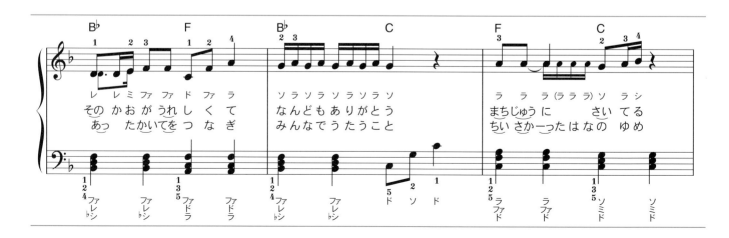

そのかおがうれしくて
あったかいてをつなぎ

なんどもありがとう
みんなでうたうこと

まちじゅうに　　さいてる
ちいさかーったはなの ゆめ

1
ありがとうっていったら　みんながわらってる
そのかおがうれしくて　なんどもありがとう
まちじゅうにさいてる　ありがとうのはな
かぜにふかれあしたに　とんでいく

ありがとうのはながさくよ　きみのまちにもホラいつか
ありがとうのはながさくよ　みんながわらってるよ

2
ぼくらのゆめはみんなと　いっしょにうたうこと
あったかいてをつなぎ　みんなでうたうこと
ちいさかったはなのゆめ　おっきくふくらんで
みんなといっしょありがとう　うたいだす

ありがとうのはながさくよ　きみのまちにもホラいつか
ありがとうのはながさくよ　みんながうたってるよ

ありがとうのはながさくよ　きみのまちにもホラいつか
ありがとうのはながさくよ　みんながうたってるよ　みんながうたってるよ

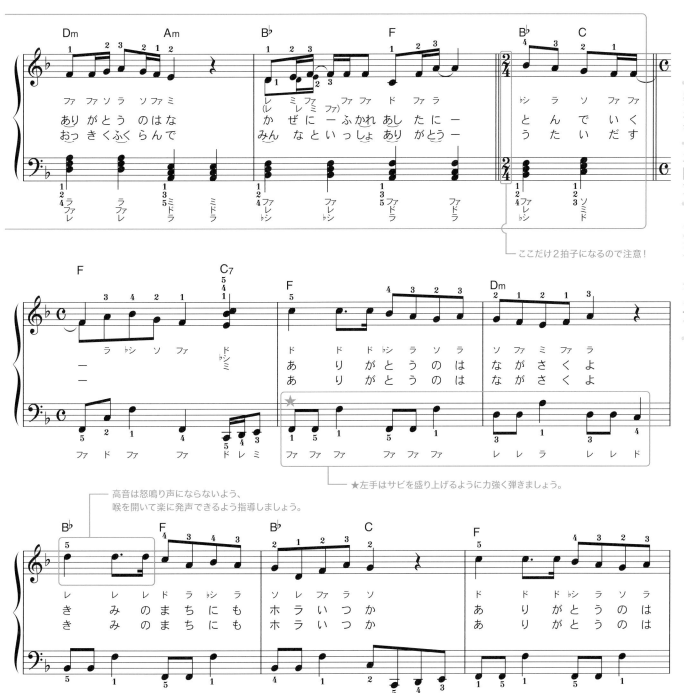

子どもたちのエピソードを基に、感謝の気持ちを伝えることの大切さや、「ありがとう」には人をうれしく優しい気持ちにさせる力があることに気付かせてから歌の紹介をしましょう。歌を覚えたくなるだけでなく、「自分もありがとうと言ってみよう」という気持ちが湧いてくると思います。そこで「ありがとうの花って何だろう？」と改めて問うてみましょう。解釈はそれぞれで良いと思いますが、「もしかしたらありがとうを笑顔で言うと、花が咲いたみたいに見えるんじゃないかな？」などと働き掛けると、この歌を笑顔の明るい声で表現できると思います。

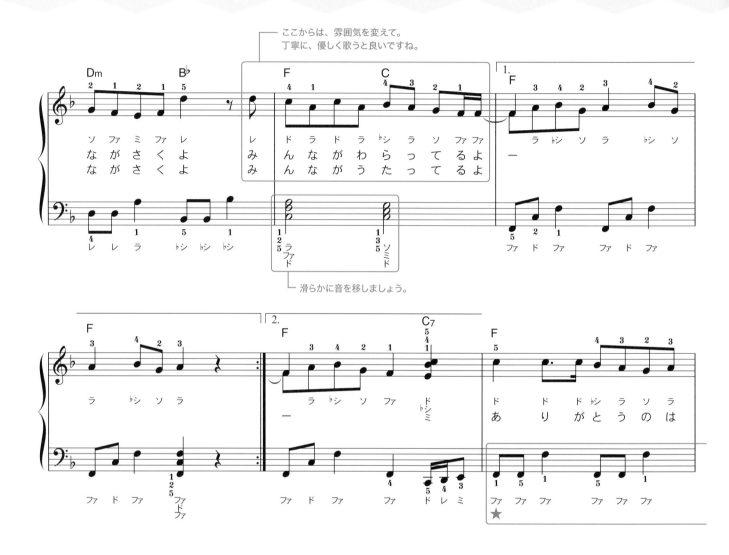

あ り が と う の は な が さ く よ み ん な が う た っ て る よ

— み ん な が う た っ て る よ —

— しっとり、深みのある音を意識して丁寧に弾くと、終わりに向かって曲全体が締まります。

歌詞メッセージ ＞ 感謝

ありがとう

作詞・作曲／滝川弥絵

別れや旅立ちのシーンでこの歌をうたうと、次のステージに進む勇気とパワーが湧いてきます。
成長を喜びつつ、感謝の気持ちが育まれる歌です。

＼音源チェック／

キラキラした音で！

リズムの違いに
気を付けて。

息をたっぷり吸って。

重たい音にならないように気を付けて。

1. と もだ ちが で きた たく さか んで きー した いっ
2. ひ とが おお けれ ば ぶつ かる こと もあ る ゆず

滑らかに音の粒をそろえて。

しょ にわ らー い（ミ） し あいいっ（ミ） しょと にうたっ たら
り あい ゆる し あい み とめ あいなが

「卒園を前に、お父さん、お母さん、おばあちゃん、おじいちゃん、先生たちなどに歌をプレゼントしようと思うけれど、どんな気持ちを歌で伝えたら良いかな?」と子どもたちに聞いてみると、きっと「ありがとう」という言葉が出てくると思います。「みんなの気持ちにピッタリの

歌を紹介するね」と伝えてから歌を聞かせると、ワクワクしながら歌詞を覚えてくれてくれるに違いありません。歌を通して、友達を大切に思う気持ちやお世話になったたくさんの人に感謝するとともに、新しい出会いへの期待感が高まるように働き掛けると良いと思います。

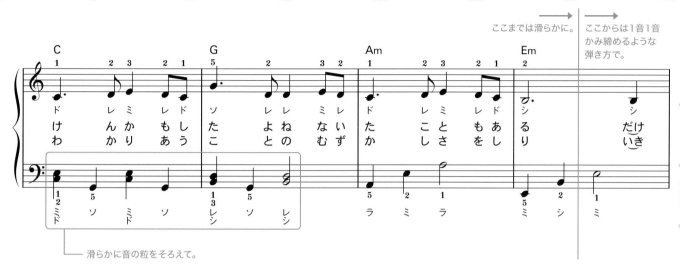

発表会 卒園式 スペシャルソング

65

歌詞

1 ともだちができた　たくさんできた
いっしょにわらい　いっしょにうたった
けんかもしたよね　ないたこともある
だけどどのおもいでも　ぜんぶたからもの

しっぱいしない　ひとはいない
たすけあい　はげましあい
わたしは　わたしは　おおきくなったよ
ありがとう　ありがとう　wowwo
すべてのひとに　wowwo
ありがとう　ありがとう　wowwo
すべてのであいに

雰囲気を変え、はっきりとしたリズムで。

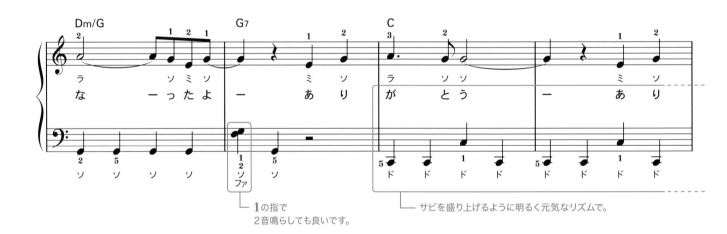

1の指で
2音鳴らしても良いです。

サビを盛り上げるように明るく元気なリズムで。

2　ひとがおおければ　ぶつかることもある
　　ゆずりあいゆるしあい　みとめあいながら
　　わかりあうことの　むずかしさをしり
　　いきてくためにたいせつなことを　まなんだのさ

しっぱいしない　ひとはいない
たすけあい　はげましあい
わたしは　わたしは　おおきくなったよ
ありがとう　ありがとう　wowwo
すべてのひとに　wowwo
ありがとう　ありがとう　wowwo
すべてのであいに　ヤア！

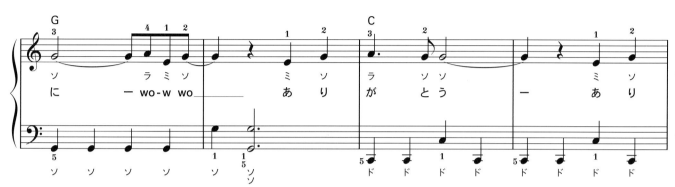

重みのある音で。
「ファソ」は **1** の指で2音鳴らしても良いです。

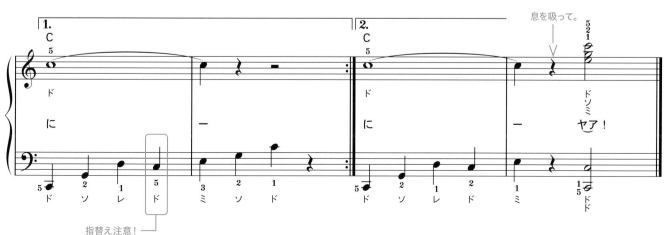

息を吸って。

指替え注意！

歌詞メッセージ　励まし　愛

ちいさな手

作詞・作曲／滝川弥絵

\音源チェック/

赤ちゃんの小さな手の中には、夢や希望が詰まっている気がしませんか？　この歌を通して、両親や周りの人たちからの愛情を感じ、他者への思いやりや、自立心が芽生えることでしょう。

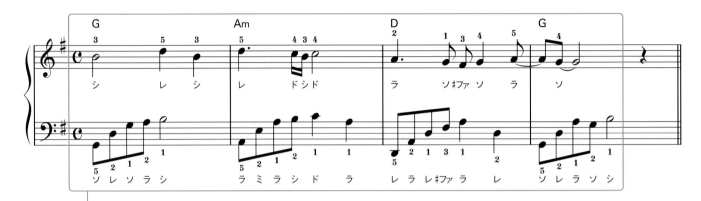

心を込め、丁寧に歌うような気持ちで弾きましょう。ここの弾き方によって、前半の子どもたちの歌の印象が決まってきます。特に、右手のメロディーは美しく！

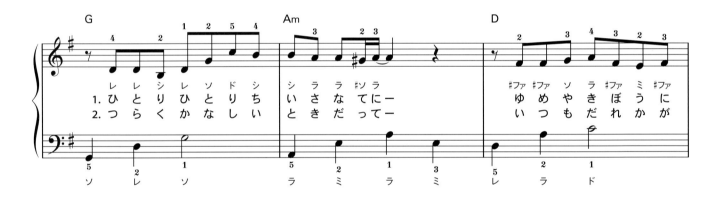

歌いたくなる♪ 保育 の コツ

「手」の話題をきっかけに、赤ちゃんだった頃があったこと、こんなに大きくなれたこと、いろいろなことができるようになったことなど、子どもたち自身の成長や、たくさんの人の愛情に支えられて成長したことに気付かせてあげたいですね。人と人とがつながることのすばらしさ

にも気付けたら、気持ちを込めた表現につながるでしょう。その上で、手でできることを子どもたちと列挙してみましょう。歌詞にある、握る、触る、じゃんけんする、なども出てくると思います。「喜び〜」からの4小節はアフタービートで手拍子を付けると盛り上がります。

子どもたちが、自分の手を握ったり、開いたりしながら歌うと雰囲気が出ますね。ただし、手を見るために下を向くと、声が暗い印象になってしまいます。真っすぐ前を見て歌いましょう。

メロディーの盛り上がりが感動的な部分。怒鳴り声にならないように歌えると、感動が更に増します！

*D.S.*からここに戻ります。

しっかりとリズムを刻みましょう。

発表会 卒園式 スペシャルソング

69

歌詞

1 ひとりひとりちいさなてに　ゆめやきぼうにぎりしめて
みんなのあいにつつまれて　このほしにやってきた
このてをひろげ　なにかをつかみ
はなしては　つかんでちょうせんする
このてはほら　ちいさいけど
にぎったりさわったりじゃんけんできる
あなたがもし　さみしいときは　このてでだきしめるね

── 3回目で ⊕ **Coda** へ飛びます。

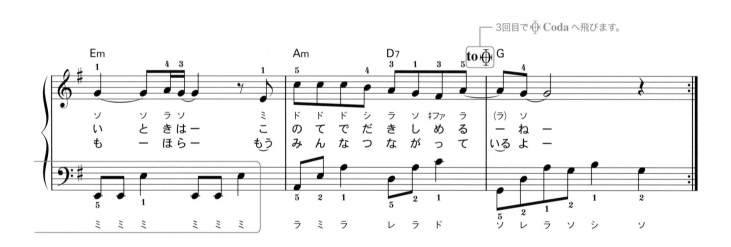

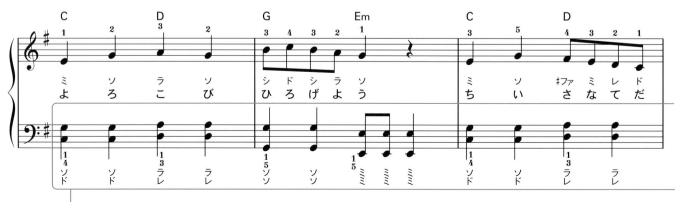

── ここから曲のまとめに入ります。音に安定感をもたせ、ポジティブな印象を与えるつもりで、落ち着いて弾きましょう。

2 つらくかなしいときだって　いつもだれかがそばにいる
あいをしんじてほほえめば　げんきがわいてくる
ゆうきをだして　このてでつかみ
はなしては　つかんでちょうせんする
ちいさなこのてをのばして
それぞれてをとりつないだら
とおくにいる　あなたもほら　もうみんなつながっているよ

よろこびひろげよう　ちいさなてだけれど
あなたのために　このてをつかおう
ちいさなこのてをのばして
それぞれてをとりつないだら
とおくにいる　あなたもほら
もうみんなつながっているよ

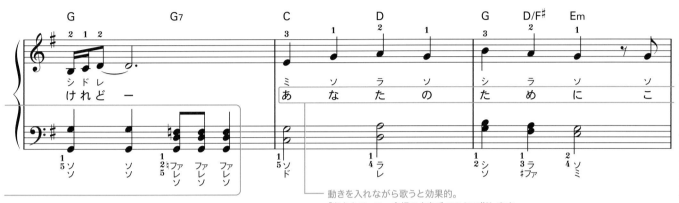

動きを入れながら歌うと効果的。
「あなたの」で、会場の人を手のひらで指します。
「つかおう」で、何かを決意するように手を握り、
自分の方へ引き寄せます。

少しずつリタルダンドして(テンポを落とす)、
最後はかみ締めるように、和音を響かせましょう。余韻を残すように意識します。
「つながっているよ」は、優しく、丁寧に歌いましょう。

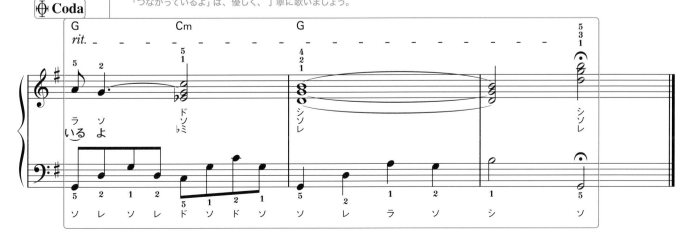

𝄊 セーニョへ
戻ります。

歌詞メッセージ ▶ 励まし 明日への希望

しあわせいろの花

作詞・作曲／滝川弥絵

\音源チェック/

それぞれの感じる幸せの違いを知ることで、互いの魅力を発見できると良いですね。
朝日が昇るような、壮大で美しい風景を思いながら弾いてみてください。

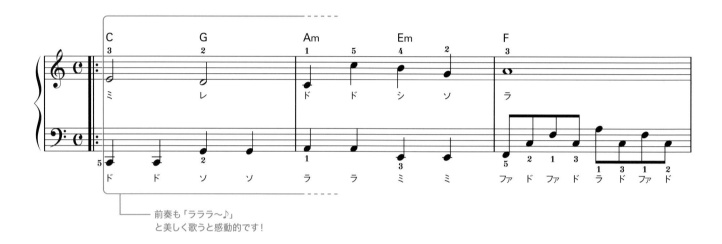

前奏も「ラララ〜♪」
と美しく歌うと感動的です！

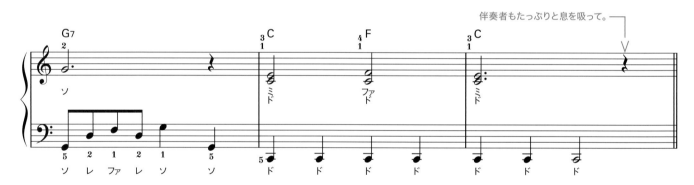

伴奏者もたっぷりと息を吸って。

左手はゆったり優しく。

歌いたくなる♪ 保育のコツ

「幸せだなって感じるのはどんなとき?」「幸せは何色?」こんな質問をしてみましょう。ピンとこなくても、話をしているうちに幸せのイメージができてくるでしょう。おいしいものを食べたとき、お母さんが抱っこしてくれたときなど、幸せのイメージの違いを知ることで、人格の違いを知り、それぞれが自己肯定感をもちつつ、他者との違いを受け入れる寛容さをもつきっかけになれば良いですね。どんな出来事もポジティブに受け止めて、元気に前進してほしいという気持ちの込もった歌なので、前半の歌詞は希望に満ちた表情でうたえるよう、導いてあげてください。

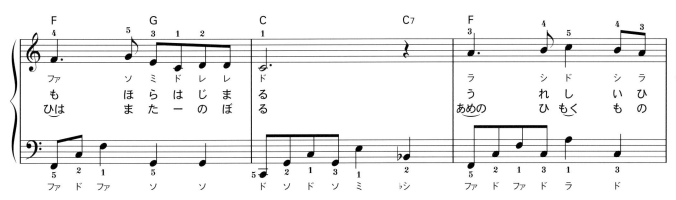

発表会　卒園式　スペシャルソング

歌詞

1 たくさんのひとたちが　あさひのしたでめざめ
あたらしいいちにちが　きょうもほらはじまる
うれしいひかなしいひ　きょうはどんなひになるかな
えがおはよろこびひろげ　なみだはこころを　あらうでしょう

どんなひになっても　みんなみんなすばらしい
さかそうさかそう　はなをさかそう　しあわせいろのはなを
さかそうさかそう　はなをさかそう　しあわせいろのはなをさかそう

2 そらがあかくそまり　ゆうひがしずんでも
あしたになればかならず　あさひはまたのぼる
あめのひもくものうえでは　たいようはわらっているよ
あめもひかりもあいして　だきしめたら　きもちいいよ

どんなひになっても　みんなみんなすばらしい
さかそうさかそう　はなをさかそう　しあわせいろのはなを
さかそうさかそう　はなをさかそう　しあわせいろのはなをさかそう

伴奏者もここでしっかりと息を吸いましょう。

*D.S.*からここに戻ります。

左手で右手ゾーンまで
ひと流れで弾きます。

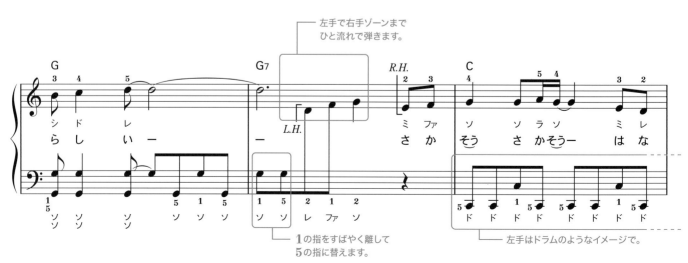

1の指をすばやく離して
5の指に替えます。

左手はドラムのようなイメージで。

しあわせいろってどんないろ　みんなそれぞれちがういろ
みんなそれぞれちがっていいさ　みんなみんなすばらしい
さかそうさかそう　はなをさかそう　しあわせいろのはなを
さかそうさかそう　はなをさかそう　しあわせいろのはなをさかそう

3回目で Coda へ飛びます。

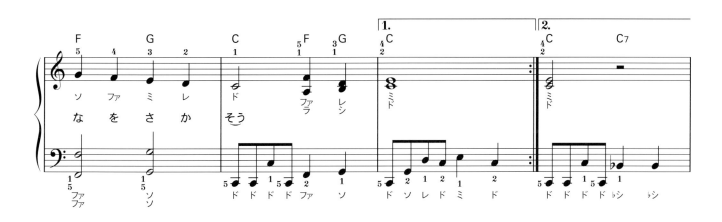

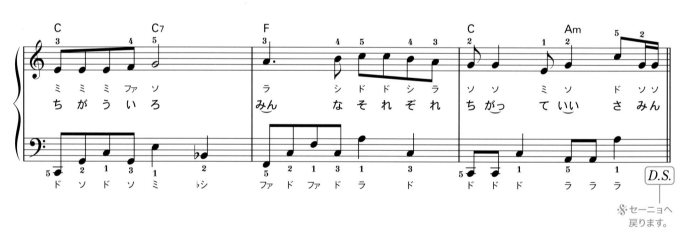

セーニョへ
戻ります。

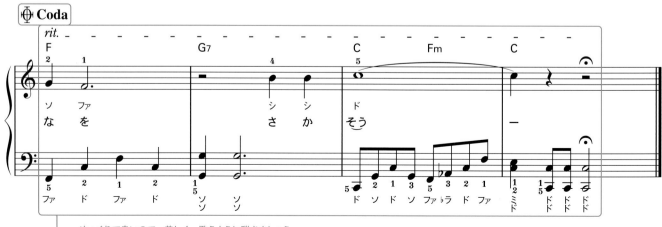

ゆっくりで良いので、美しく、歌うように弾きましょう。

歌詞メッセージ ▶ 成長

こころのねっこ

作詞・作曲／南夢未　編曲／滝川弥絵

\ 音源チェック /

子どもたちの成長を喜びつつ、これからの更なる成長を温かく祈る、保育者目線で書かれた
作品です。子どもたちにはいろいろな思い出を懐かしみながら、胸を張って歌ってほしいですね。

1
いつのまにか　おおきくなった
いつのまにか　なかよくなった
いつのまにか　こけなくなった
いろいろできるようになった
はじめてのであい　はじめてのなかま
はじめてしった　たくさんのこと
ないてわらった　まいにちが
みんなのこころの　バネになった

2
いちにちいちにち　おおきくなった
いちにちいちにち　つよくなった
いちにちいちにち　じょうぶになった
いっぱいのおもいでになった
これからのであい　これからのなかま
これからわかる　たくさんのこと
ここですごした　まいにちが
みんなのこころの　ねっこになれ

はじめてのであい　はじめてのなかま
はじめてしった　たくさんのこと
ここですごした　まいにちが
みんなのこころの　ねっこになれ
みんなのこころの　ねっこになれ

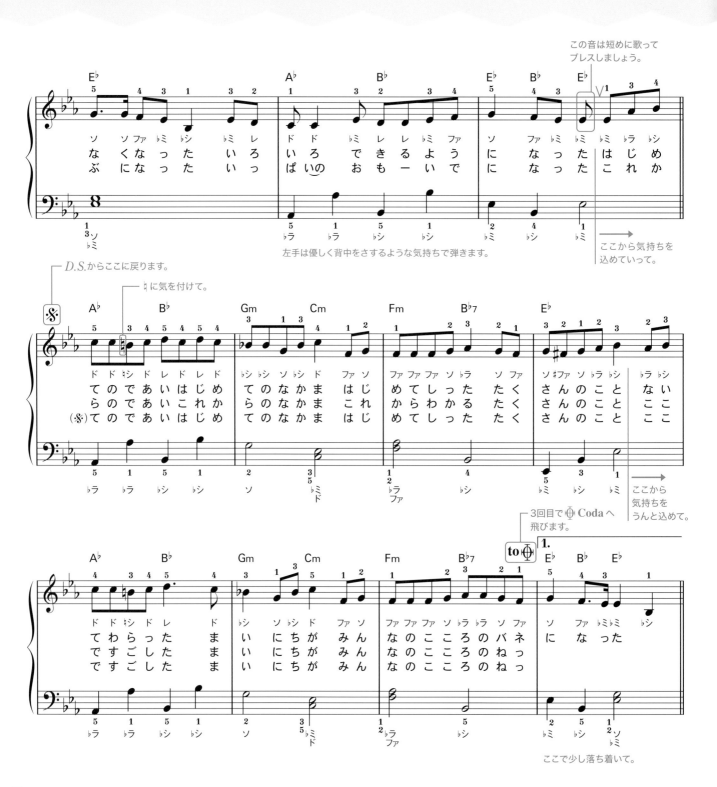

「根っこって？ 花や木の支えになり、栄養や水を吸う大切な場所だね。いろいろな形があるんだよ」と、本で調べたり実物を見たりして興味を広げましょう。その上で「もし心に根っこがあったら？ たくさん養分を吸って心を豊かにし、くじけない丈夫な根っこが良いね。どうしたらそんなふうに

育てられる？」と働き掛け、園生活の全ての活動や経験が、自分の大切な養分となっていることを知り、より良く成長したい！　と願い歌えるよう導きましょう。歌詞のつながりからブレスしにくい所では、伴奏者は少しゆとりをもち、一緒にブレスしながら弾くと良いですよ。

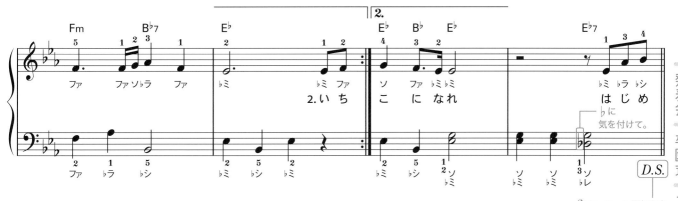

発表会　卒園式　スペシャルソング

歌詞メッセージ　友達　送る歌

切手のないおくりもの

作詞・作曲／財津和夫　編曲／滝川弥絵

実は3歳児も、ウキウキする楽しい曲だけでなく、きれいなメロディーや感動的な曲が
大好きなんです。歌っているうちに心が優しくなるこの曲に、ぜひ挑戦してみてください！

\ 音源チェック /

歌うように音をつなげて弾くと、
子どもたちも優しく歌い出します。

息をたっぷり吸って弾くと、落ち着いた優しい音になります。
右手は歌うように、左手は響かせるように…。

★ 特に丁寧に、
大切な物を置くように
弾きましょう！

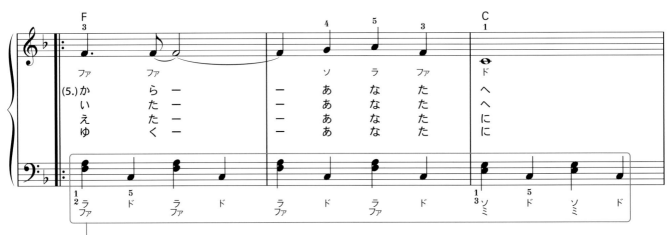

小さな動物を優しくなでるように丁寧に弾くと、
音の粒がそろいます。

歌詞

わたしから　あなたへ
このうたを　とどけよう
ひろいせかいにたったひとりの
わたしのすきなあなたへ

としおいた　あなたへ
このうたを　とどけよう
こころやさしくそだててくれた
おれいがわりにこのうたを

しりあえた　あなたに
このうたを　とどけよう
こんごよろしくおねがいします
めいしがわりにこのうたを

わかれゆく　あなたに
このうたを　とどけよう
さびしいときにうたってほしい
とおいそらからこのうたを

わたしから　あなたへ
このうたを　とどけよう
ひろいせかいにたったひとりの
わたしのすきなあなたへ

歌いたくなる♪ 保育の コツ

「大好きな人、落ち込んでいる人、いろいろな人が幸せになる贈り物って何かな?」と意見を出し合いましょう。「歌はどうかな?」と提案すると、きっと賛成してくれるでしょう。「いろいろな人の幸せを願いながら歌おうね」と導いてください。切手は実物を見せ、丁寧に説明してくださいね。

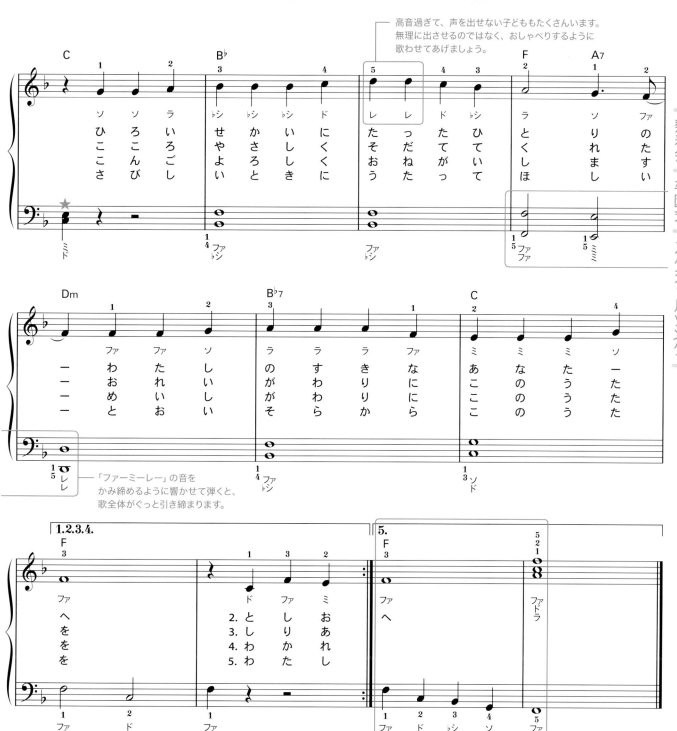

高音過ぎて、声を出せない子どもたくさんいます。無理に出させるのではなく、おしゃべりするように歌わせてあげましょう。

「ファーミーレー」の音をかみ締めるように響かせて弾くと、歌全体がぐっと引き締まります。

段々ゆっくりと、静かに。最後の音は深く息を吸い、ため息のような深い音で!

発表会　卒園式　スペシャルソング

歌詞メッセージ　友達　思い出

ぼくたちのうた

作詞／新沢としひこ　作曲／中川ひろたか　編曲／滝川弥絵

＼音源チェック／

美しいメロディーで歌詞もシンプルなので、子どもたちが自信をもって伸び伸びと表現を楽しめると思います。友達と声を合わせて歌ったら、輝くような思い出が鮮やかによみがえることでしょう。

1
はるのそらにひびけ　ぼくたちのうた
くもをおいかけはしった　あのはるのひ
なつのうみにひびけ　ぼくたちのうた
うちよせるなみきらめく　あのなつのひ

Sing a song　わすれないさ
Sing a song　あのときを
Sing a song　わすれないさ
Sing a song　いつまでも

2
あきのかぜにひびけ　ぼくたちのうた
おちばのたきびかこんだ　あのあきのひ
ふゆのやまにひびけ　ぼくたちのうた
ゆきにまみれてあそんだ　あのふゆのひ

Sing a song　わすれないさ
Sing a song　あのときを
Sing a song　わすれないさ
Sing a song　いつまでも

歌いたくなる♪ 保育 の コツ

四季の美しい景色と思い出とを重ねて別れを惜しみつつ、未来への希望に胸を膨らませてうたいたい歌です。もしかしたら子どもたちは見たことのない風景かもしれませんが、一緒に想像したり写真を見せたりして、キラキラとした映像をイメージしながら歌えるよう導いてください。

サビですが、怒鳴り声にならないように！
声は暗くなり過ぎないほうが美しいです。

※左手の音が多くて難しいときは
二つめの　　の始めの音一つを
♩2分音符にして伸ばしてもOK。

2回目で ⊕ Coda へ飛びます。

フェルマータ気味に伸ばして。
次の小節に声が重なってもOK！

曲の始めに
戻ります。

力を抜いて。

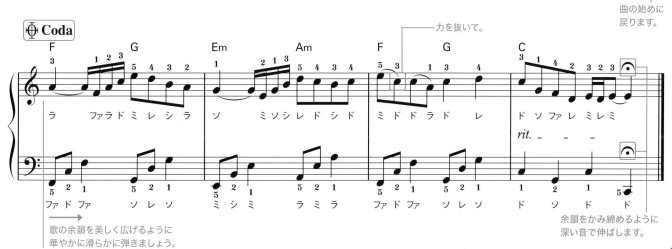

歌の余韻を美しく広げるように
華やかに滑らかに弾きましょう。

余韻をかみ締めるように
深い音で伸ばします。

発表会　卒園式　スペシャルソング

歌詞メッセージ　友達　世界

きみとぼくの間に

作詞・作曲／柚梨太郎　編曲／滝川弥絵

\音源チェック/

体全体で楽しさを表現したくなる明るい雰囲気でありながら、
美しい映像が頭の中で流れていくようなファンタジーの世界が広がる歌です。

明るくウキウキノリノリなテンポで。

リズムが少し難しいので、
初めはゆっくり練習してください。

同じ音の連続なので少し音を省いても大丈夫！

滑舌を良くして、
しっかり言葉が言えると
早口言葉みたいで楽しいですよ。

歌いたくなる♪ 保育 の コツ

歌詞にたくさん花が出てくるので、様々な季節の花を調べる、育てる、描く、採集して押し花にする、色紙で折るなどしてたくさん遊びましょう。水をやると花が笑ったように感じたり、花を贈ると笑顔が生まれたりと、花と笑顔のすてきな関係に気付くと、この歌をずっとすてきにうたえるでしょう。

「愛の花」ってどんな形？ 何色？ と想像し、共同で記念のモニュメントを作るのも楽しいですね。細かくて早口な歌詞があるので、「あいうえお」の母音の発音の仕方を、口の動かし方から丁寧に練習しましょう。早口言葉もゲーム感覚で取り入れて楽しんでみてください。

85

歌詞

1
きみとぼくのあいだに
たんぽぽをさかせよう
わたげふきとばし
だけどたんぽぽだけじゃ
ちょっぴりさみしいから
もうひとつさかせよう
ひまわりのはなが　さきみだれて
せかいじゅうをつつむよ

2
きみとぼくのあいだに
ひまわりをさかせよう
おひさまのしたで
だけどひまわりだけじゃ
ちょっぴりさみしいから
もうひとつさかせよう
コスモスのはなが　さきみだれて
せかいじゅうをつつむよ

3
きみとぼくのあいだに
コスモスをさかせよう
おひさまのしたで
だけどコスモスだけじゃ
ちょっぴりさみしいから
もうひとつさかせよう
ほほえみのはなが　さきみだれて
せかいじゅうをつつむよ

何回目か分からなくならないように！

はっきりと合図を送るように弾くと歌い出しやすいです。

4 きみとぼくのあいだに
ほほえみをさかせよう
おひさまのしたで
だけどほほえみだけじゃ
ちょっぴりさみしいから
もうひとつさかせよう
あいのはなが　さきみだれて
せかいじゅうをつつむよ

5 きみとぼくのあいだに
あいのはなさかせよう
おひさまのしたで
でもあいのはなだけじゃ
ちょっぴりさみしいから
もうひとつさかせよう
もうひとつさかせよう

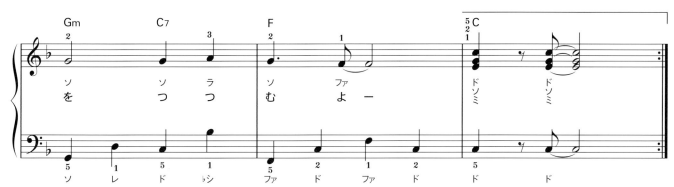

─ 5回目、油断しないように！

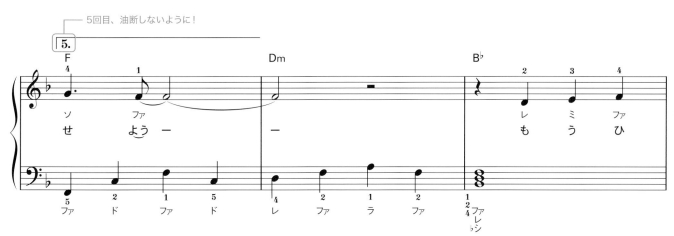

最後まで明るく元気に。

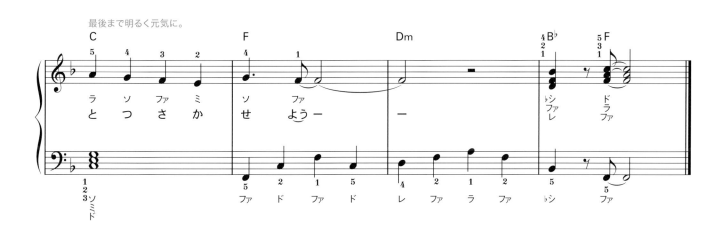

歌詞メッセージ ＞ 友達 平和

ともだちになるために

作詞／新沢としひこ　作曲／中川ひろたか　編曲／滝川弥絵

＼音源チェック／

「友達になるために人は出会うんだよ」という歌詞をうたうだけで、幸せな気持ちが湧いてきます。
人との出会いや、出会えた友達をずっと大切にしてほしいという願いの込もった歌です。

前奏は右手のメロディを美しく歌うように弾くと、
歌に感情がより込められます。

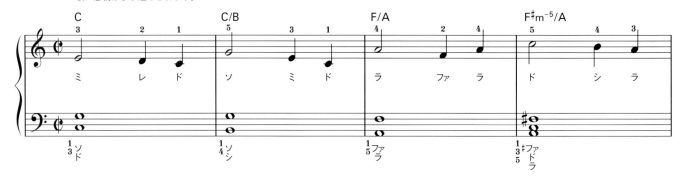

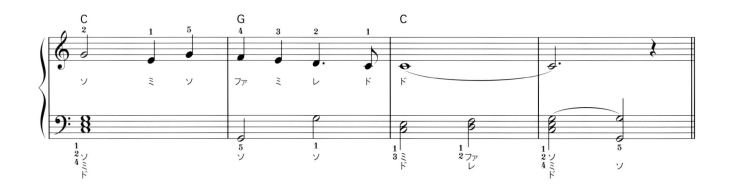

— D.S.からここに戻ります。

温かく穏やかな声で歌います。

左手はのんびり歩くようなテンポで。

歌いたくなる♪ 保育 の コツ

最近はSNSの普及に伴い、皮肉にも人との関係が希薄になり、新たな出会いを警戒し、ためらいがちな傾向にあると思います。そんな中、「友達になるために人は出会うんだよ」のフレーズは、新しい一歩を踏み出す上で、強く背中を押してくれる言葉だと思います。人を信じ、大事にすることの大切さを感じられるこの歌を、子どもたちと一緒にうたいながら、人を信じることの大切さやすばらしさについて感じ、温かい気持ちになれたらすてきですね。

発表会　卒園式　スペシャルソング

89

歌詞

1 ともだちになるために
ひとはであうんだよ
どこのどんなひととも
きっとわかりあえるさ

ともだちになるために　ひとはであうんだよ
おなじようなやさしさ　もとめあっているのさ

いままでであったたくさんの
きみときみときみと　きみときみときみときみと
これからであうたくさんの
きみときみときみと　きみとともだち

2 ともだちになるために
ひとはであうんだよ
ひとりさみしいことが
だれにでもあるから

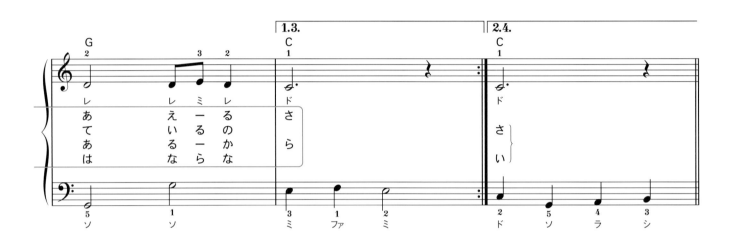

よく似ていますが、音は変わっているので気を付けて。

言葉や音は単調ですが、リズムの変化を楽しみましょう。

90

ともだちになるために　ひとはであうんだよ
だれかをきずつけても　しあわせにはならない

いままでであったたくさんの
きみときみときみと　きみときみときみときみと
これからであうたくさんの
きみときみときみと　きみとともだち

2回目で ⊕ Coda へ飛びます。

to ⊕

𝄋 セーニョへ戻ります。

D.S.

⊕ Coda

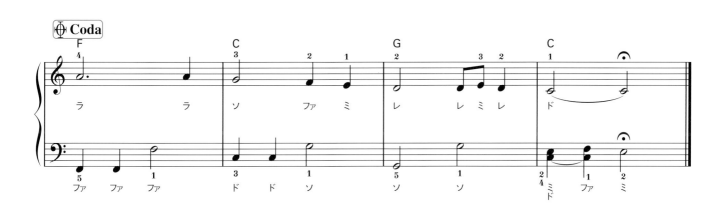

発表会・卒園式の
キラキラソング

歌詞メッセージ 友達

友だちはいいもんだ

作詞／岩谷時子　作曲／三木たかし　編曲／滝川弥絵

＼音源チェック／

劇団四季の『ユタと不思議な仲間たち』の劇中歌です。高音を歌うのが子どもには
少し難しいかもしれませんが、メロディーが美しく歌詞もすてきで、温かい気持ちになれます。

オクターブ上で弾きます。

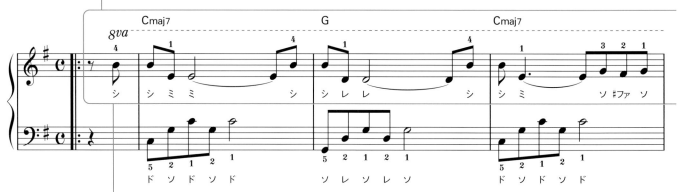

切なく美しい音色で丁寧に弾くと、
会場全体の空気が引き締まり、期待感が高まります。

歌い出しを「ワン　ツー　スリー」と
誘導する気持ちで弾きましょう。

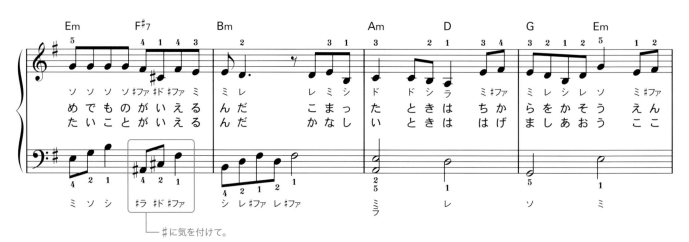

♯に気を付けて。

1 ともだちはいいもんだ　めとめでものがいえるんだ
こまったときは　ちからをかそう　えんりょは　いらない
いつでも　どこでも　きみをみてるよ
あいを　こころに　きみとあるこう
みんなはひとりのために　ひとりはみんなのために
みんなはひとりのために　ひとりのために

2 ともだちはいいもんだ　いいたいことがいえるんだ
かなしいときは　はげましあおう　こころは　ひとつさ
おとなに　なっても　わすれはしない
ゆめを　だいじに　きみとすすもう
みんなはひとりのために　ひとりはみんなのために
みんなはひとりのために　ひとりのために

少し盛り上げるように弾くと
「いつでも〜」に感情が込められます。

ちょっとおしゃれな響きを
味わいながらたっぷりと。

歌いたくなる♪ 保育 の コツ

「どんなときに友達がいて良かったと思う?」「友達の好きなところは?」と質問したら、優しくしてくれる、一緒にいて楽しいなど、様々な考えを教えてくれるでしょう。「みんなと同じような気持ちを詞に書いた人がいるから、読んでみるね」と、

歌詞を朗読し、歌詞について話し合ってみます。「すごく良い詞だったね。実は歌になっているんだよ」と歌って紹介すると、子どもたちも気持ちを込めて歌えると思います。歌の前半では、語るようなうたい方にも挑戦すると良いですね!

サビにつながる部分なのでパワフルに。
段々とクレッシェンドするように。

ドラムのように
ビートを感じながら弾きましょう。

最初に戻る前に、
伴奏者は息を吸って気持ちを整えて。

1オクターブ上で弾けます。
空に輝く星のようにキラキラした
イメージで弾きましょう。

たっぷりと、段々ゆっくりと。

歌詞メッセージ　友達　仲間

なかまはいいな

作詞・作曲／滝川弥絵

\音源チェック/

互いの違いを受け入れた上で仲間となり、尊重し合いながら
より良い社会を築いていける人になってほしい、という願いを込めた歌です。

1小節を2拍子のようにリズムをとると歌いやすいです。

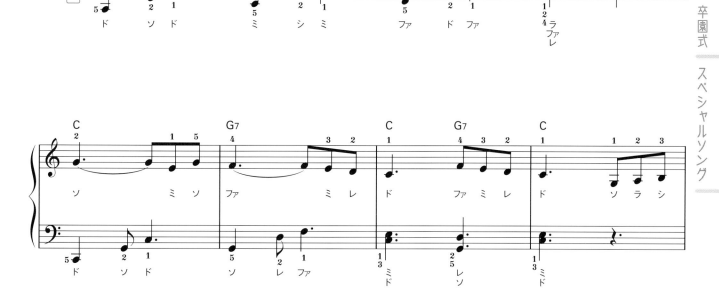

歌うとき、各小節の1拍目だけを
強調した歌い方にならないよう、
気を付けて。

1.か　　お　　ど　が　　そ　　れ　ぞ　れ　　ち　　が　　　う　よう　　に
2.な　　ま　え　が　　　そ　　れ　ぞ　れ　　ち　　が　　　う　よう　　に

歌詞 **1**
かおが　それぞれちがうように　みんな　べつべつのこころがある
ときにはかんがえが　ぶつかりあい　けんかして　ないちゃうこともあるさ
だけどまたすぐに　さびしくなり　いっしょに　あそびたくなるのさ
なかまがいるって　いいものさ　それぞれちがうから　たのしいのさ

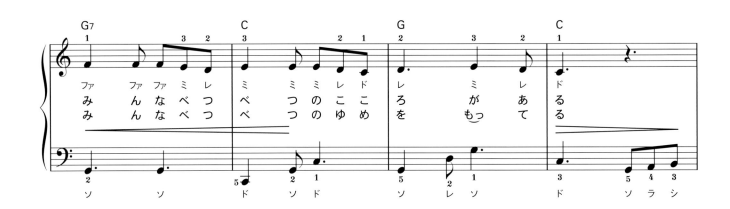

歌詞が細かいので、
はっきりと歌えるように部分練習しましょう！

96

2
なまえが　それぞれちがうように　みんな　べつべつのゆめをもってる
いただいたこのいのち　むねにだき　まえをむいて　ひとりひとりすすむのさ
だけどまたすぐに　さびしくなり　いっしょに　てをつなぎたくなるのさ
なかまがいるって　いいものさ　それぞれちがうから　たのしいのさ

なかまはいいな　なかまはいいな　なかまは　すてきなたからものだよ

前の音との幅が広くて少し歌いづらいので、部分練習しましょう！

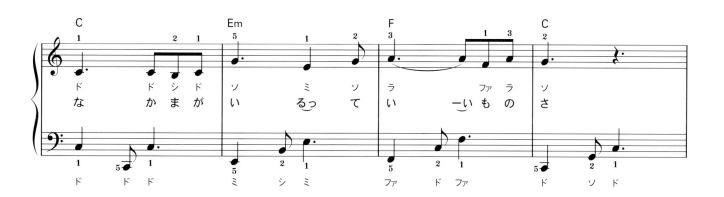

97

歌の紹介の前に、仲間同士のエピソードを
思い出してうれしい気持ちを高めると、歌詞
に共感し、気持ちを込めてうたえるでしょう。
また、この歌のメロディーには『きらきら星』
のメロディー（ドードーソーソーラーラー）が
隠れていますので、「この曲にはよく知ってい
るメロディーがかくれんぼしています。何で
しょう？」と当てっこをしたり、その音の部分
を他の楽器で演奏し、歌とコラボレーション
したりしても楽しいです！

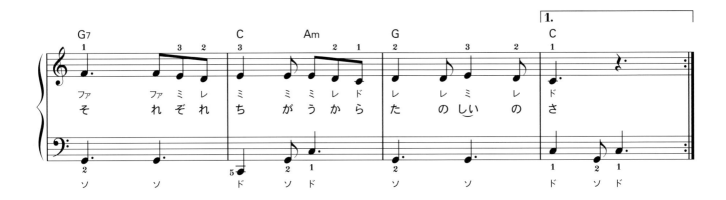

サビです。伸び伸び明るい声で歌いましょう！

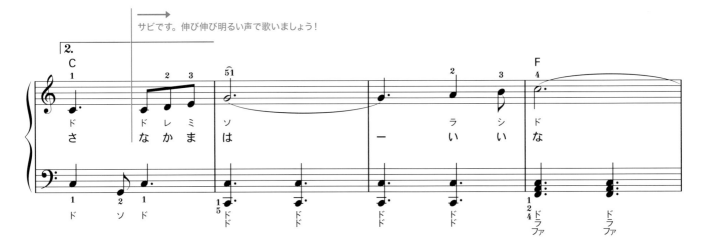

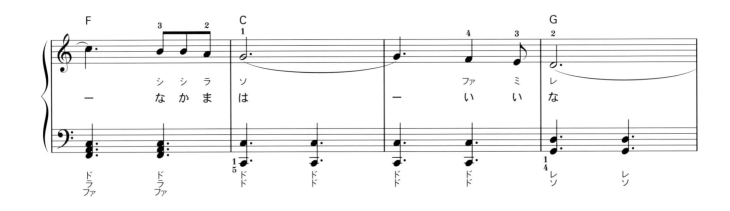

ブレスしましょう!

右手伴奏は華やかに終わるように
落ち着いた深みのある音で。

ややゆっくりと。

歌詞メッセージ　友達　仲良し

きみにあえてうれしい

作詞／ふじのマナミ　作曲／片岡嗣実　編曲／滝川弥絵

\音源チェック/

気分がウキウキするメルヘンチックな可愛らしい曲です。歌詞には出会いの喜びが
いっぱい散りばめられていて、うたうほうも聞くほうも幸せな気持ちになれる歌です。

ウキウキするすてきなリズムですが、楽譜で見ると少し難しく見えるかも…。
ゆっくり何度も練習しましょう！

言葉通りに、明るくうれしい声で表現しましょう。

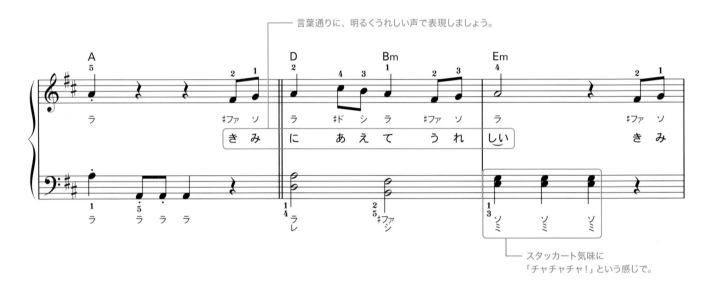

スタッカート気味に
「チャチャチャ！」という感じで。

ここの歌のメロディーは子どもには少し難しいので、
繰り返し聞かせて耳を慣らしてから歌いましょう。

「初めて出会う友達や、自分から友達を誘えない子に、どんな言葉を掛けたら良い？　どんな言葉をもらったらうれしいかな？」と問い掛け、挨拶や好意を表現する大切さに気付けると良いですね。未来に向かって、一緒にワクワクするような気持ちで、楽しく歌いましょう。歌詞がやや多いので、ポイントで振りを付けると覚えやすいです。

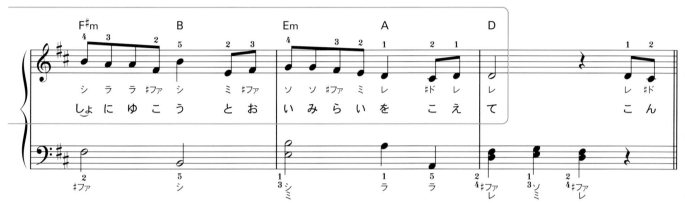

ここからはしばらくおしゃれなコード進行なので、音色を味わい楽しんでください。

気を付けて。

発表会　卒園式　スペシャルソング

歌詞

きみにあえてうれしい　きみにあえてうれしい
ぼくらはまっていた　いっしょにゆこう　とおいみらいをこえて

こんにちは　しらないこ　みんなであくしゅしよう
わらいごえつながって　にこにこりぼん　ちきゅうにかけよう
きょうからともだちだ

きみにあえてうれしい　きみにあえてうれしい
ぼくらはまっていた　きみがくるのを　ほらなかよしだ　ずうっと

なきむしや　おこりんぼ　はずかしがりだって
いっしょにね　うたっちゃおう
おおきなこえで　ちきゅうをまわそう
みて！もうなかなおり

きみにあえてうれしい　きみにあえてうれしい
やっぱりだいすきさ　けんかをしても
ほらなかよしだ　ずうっと

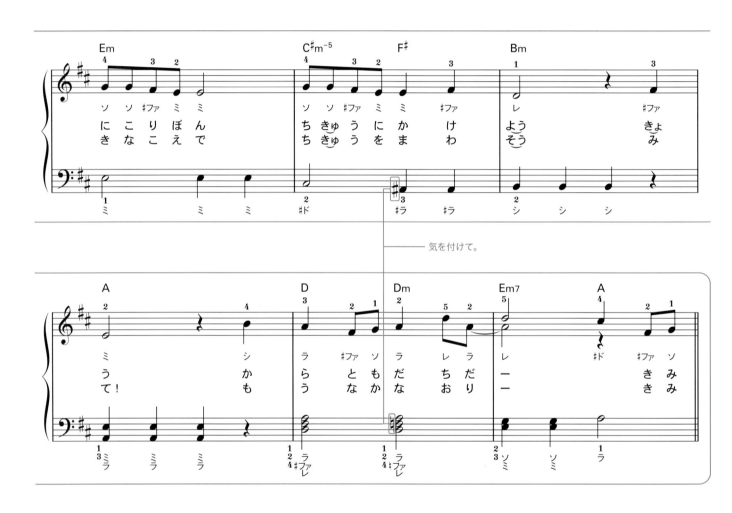

気を付けて。

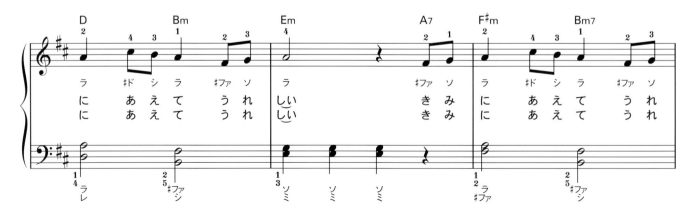

ふしぎなの　はんぶんこしたおやつ
うれしいがふえたよ　おいしいがふえたよ　すてきだね

きみにあえてうれしい　きみにあえてうれしい
ぼくらはまっていた　いっしょにゆこう　とおいみらいをこえて

ぼくらはまっていた　きみがくるのを　ほらなかよしだ　ずうっと

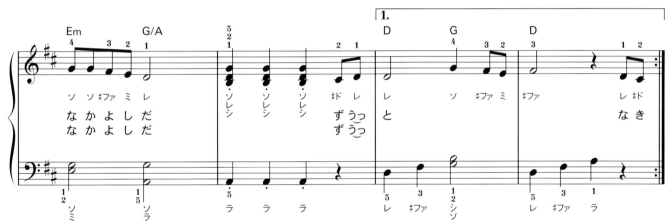

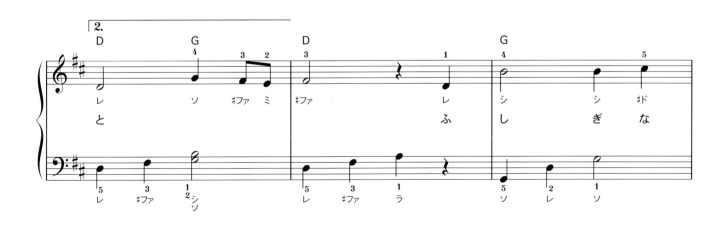

ここからはまたおしゃれな大人っぽい響きになっています。

ここで転調です。
とても華やかになります。頑張って！

前半とは違うコードなので、
指が十分に慣れるよう練習しましょう。

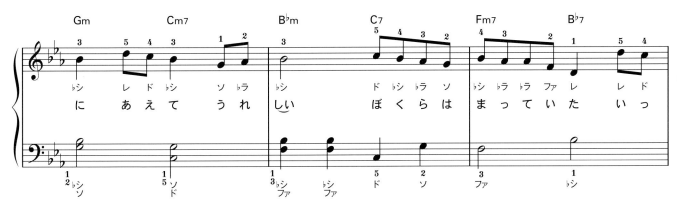

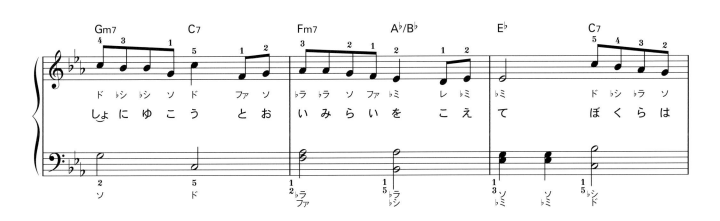

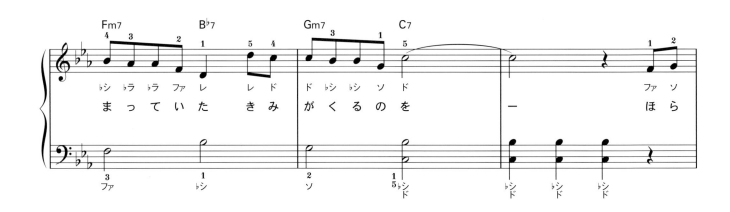

最後は明るく元気に終わります。

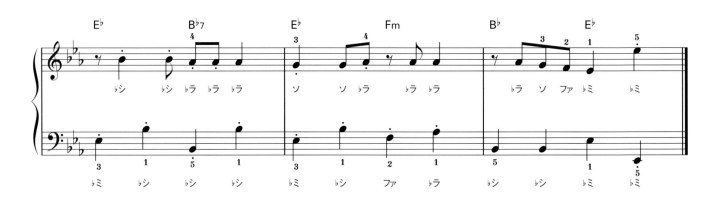

歌詞メッセージ お祝い 送る歌

そつえんしきのうた

作詞・作曲／滝川弥絵

＼音源チェック／

落ち着いた雰囲気の中に、美しさ、優しさ、そして懐かしさを感じられる曲です。
ゆったりとしたテンポに気持ちをのせて、おにいさん、おねえさんに届けましょう。

テンポはアンダンテ（歩くような速さで）を意識して。

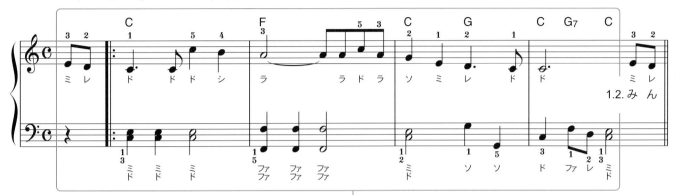

前奏は丁寧に、美しく、
メロディーはたっぷりと歌うように弾くと感動的です。

音が1オクターブ離れています。
声を出しづらい子どもには、無理をさせないようにしましょう。

このリズムにピッタリと合わせて
歌い出せるようにしましょう。

ここで一度
歌い終えるようなイメージで。
呼吸を整えます。

1 みんなまっていた　きょうのそつえんしき
よろこびあふれる
ようちえん（※）とさようなら
とびらのむこうには　みらいがひろがる
あなたのゆめで　みらいはかがやく
ありがとうさようなら　そしておめでとう
みんなのおいわいを　どうぞうけとって

2 みんなまっていた　きょうのそつえんしき
えがおあふれる
ようちえん（※）とさようなら
とびらのむこうには　みらいがひろがる
あなたはそのてで　ゆめをつかむでしょう
ありがとうさようなら　そしておめでとう
みんなのおいわいを　どうぞうけとって

※「ほいくえん」または「こどもえん」に言い換えても良いです。

ここから、少しずつ盛り上げていきましょう。
暗闇の先に見える一筋の光に向かい、どんどん歩いているようなイメージです。

重音はテヌート気味に、1音ずつかみ締めるように大切に弾きましょう。
「ドスンドスン」と乱暴で重たい音にならないように。

どんどん盛り上げて。

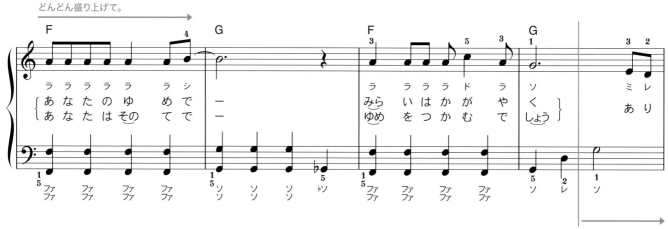

ここで一度落ち着いた後、「ありがとう」からは、更に心を込めて歌います。
言葉を大切に歌い上げ、感謝や祝福の気持ちを卒園児に届けましょう。

事前に卒園児との思い出や、進級について話し合いましょう。「あふれる」「未来」など、あまり馴染みのない歌詞は、分かりやすい言葉に置き換えて説明すると良いですね。出だしは低い音からいきなりオクター

ブ上の音になるので、声の出しづらい子どももいるでしょう。高音は、直前にブレスを入れたり、力を抜いたりすると出しやすいですが、無理に発声させず、他の所で活躍できるよう配慮しましょう。

この音は特に気持ちを込めてゆったりと。

優しい声で丁寧に歌いましょう。

ここは伴奏の聴かせ所です。気持ちを前に出し、堂々と弾けると感動的なラストになりますよ！

発表会　卒園式　スペシャルソング

109

歌詞メッセージ ▶ お祝い 送る歌

笑顔をおくろう

作詞・作曲／滝川弥絵

卒園児に笑顔を届けたい。「おめでとう」や「ありがとう」を伝えたい。
そんな在園児たちの気持ちをのせるのにピッタリの曲です。

\ 音源チェック /

前奏は明るく、ウキウキした音で。

ここは少し跳ねるように、音を切るように、明るく軽快なリズムを意識して弾きます。

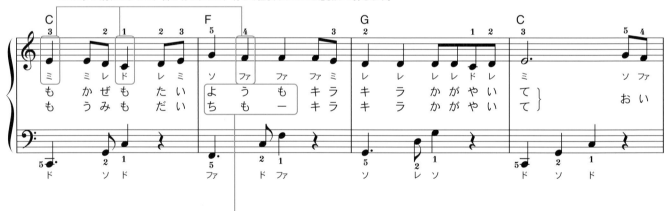

スタッカート気味に歌うと、かわいらしい感じになります。

ここからは滑らかに歌います。
心を込めて「おめでとう」の
気持ちが伝わるように。

1 そらもかぜもたいようも　キラキラかがやいて
おいわいしているよ　おめでとう　そつえんしき
ほんとにおめでとう　えがおをおくろう
おめでとうのきもちをこめて　おいわいをしよう
おわかれをするのは　ほんとはさびしいけど
なみだより　えがおをおくろう　おめでとう　そつえんしき
ららら　ほんとにおめでとう　えがおを　おくります

2 やまもうみもだいちも　キラキラかがやいて
おいわいしているよ　おめでとう　そつえんしき
ほんとにおめでとう　えがおをおくろう
ありがとうのきもちをこめて　おいわいをしよう
おわかれをするのは　ほんとはさびしいけど
なみだより　えがおをおくろう　おめでとう　そつえんしき
ららら　ほんとにおめでとう　えがおを　おくります

曲名を意識して、にこにこと柔らかい笑顔を浮かべながら
歌えると良いですね。

急に高音へと移る場面です。
声を張り上げないようにしましょう。

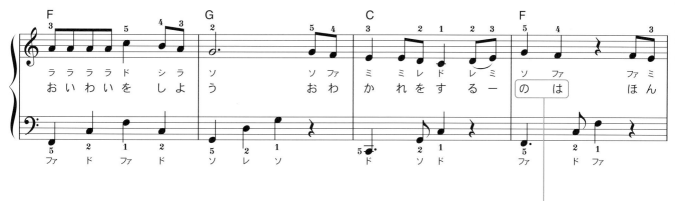

スタッカート気味に歌うと、かわいらしい感じになります。

ここから再び明るく元気な声で
生き生きと歌いましょう。

音が細かく早口になります。
最初はテンポを落とし、しっかりと発音する練習をすると良いでしょう。

発表会　卒園式　スペシャルソング

111

かわいらしく明るい歌なので、このあと卒園児がしっとりとした歌をうたうと、それぞれの年齢差が際立ってすてきですよ。「どんな言葉の入った歌をプレゼントすると喜ぶと思う？」と働き掛け、「ありがとう」「お

めでとう」「笑顔」などを引き出すと、この歌を身近に感じられることでしょう。「大地」など分からない言葉は丁寧に説明してください。振りを付けたり、体全体で曲にのったりして、笑顔で歌いましょう！

音が細かく早口になります。
最初はテンポを落とし、しっかりと発音する練習をすると良いでしょう。

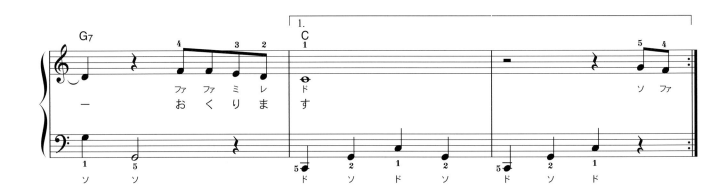

メロディーを美しく聞かせるため、
音をたっぷりと響かせ、堂々と演奏しましょう。

離れた音に移るときは、特に注意します。

卒園式の
ドリームソング

歌詞メッセージ ＞ 送る歌

きみとぼくのラララ

作詞／新沢としひこ　作曲／中川ひろたか　編曲／滝川弥絵

\音源チェック/

「さよならなんて言わなくてもいいよね」という歌詞は、別れの寂しさを我慢しているように感じられ、むしろ切なく胸に突き刺さってきます。優しく美しい声で歌いたいですね。

前奏は思いっ切り感情を込めて美しく弾くと、
歌に感情が入りやすいです。

たっぷり息を吸ってから、語るように歌いましょう。

ここでブレスすると
「あえるね」の言葉が引き立ちます。

左手は落ち着いた安定した音・リズムで。

#に気を付けて。

発表会　卒園式　スペシャルソング

113

1
さよならなんて　いわなくても　いいよね
またあえるね
げんきでなんて　いわなくても
げんきで　またあえるね
ぼくのみるそらと　きみのみるそらは
つながっているから　おんなじそらだから
ラララ　さよならのかわりに　なみだのかわりに
ラララ　きみとぼくのあいだに
ラララ　ひとつのうた

2
こころがちょっと　いたいのは
えがおが　まぶしいからだね
さみしいなんて　いわないのが　いいよね
きっと　あえるね
ぼくのあるくみちと　きみのあるくみちは
つながっているから　おんなじみちだから
ラララ　かなしみのかわりに　てをふるかわりに
ラララ　きみとぼくのあいだに
ラララ　ひとつのうた

ぼくのみるゆめと
きみのみるゆめは
つながっているから
おんなじゆめだから
ラララ　さよならのかわりに
なみだのかわりに
ラララ　きみとぼくのあいだに
ラララ　ひとつのうた

別れの日が近付くと、不安や寂しさを感じるかもしれませんが、そんなときこそ、この歌を紹介してください。寂しさを勇気に変えて元気に前進し、友達のことをずっと忘れずに大切にするんだよ、という気持ちで、心を込めてこの歌をうたうだけで、きっと思いは伝わります。「空」「道」「夢」の視点から、少し大人になった気分で輝く将来を夢見て、頼もしくそして美しく歌えるように導きましょう。

— 3回目で ⊕ Coda へ飛びます。

た — 最後の言葉は
丁寧に発音すると、
美しく感動的です。

❖ セーニョへ
戻ります。

— 右手、高音をしっかりとつなげて歌って。

慌てずに、美しく歌うように弾くと感動的に終わります。

卒園式の
ドリームソング

歌詞メッセージ ＞ 送る歌

またね

作詞・作曲／町田浩志　編曲／滝川弥絵

別れを寂しがりながらも明るい気持ちで次のステップへと羽ばたいていける、
すてきな卒園ソングです。

\ 音源チェック/

歌い出しと同じメロディーなので、
リズミカルに弾くと、明るい声で
生き生きと歌い出せるでしょう。

同音の連打は、
少し省略して弾いても良いです。

左手の伴奏がこのパターンのとき、2拍目、4拍目の音は
抑えめに弾くときれいに聴こえます。

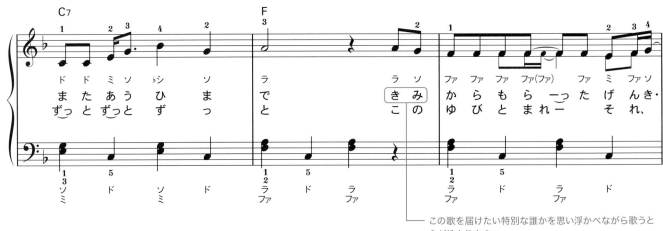

この歌を届けたい特別な誰かを思い浮かべながら歌うと
心が込もります。

1 おわかれするのは　さみしいけれど　またあうひまで
きみからもらった　げんき・ゆうき・やさしさをありがとう
はなしたりないこともあるけれど　なみだがでてちゃうから
いつものように　おおきなこえで　きみとうたうよ

またね　またね　さようなら　あくしゅでばいばいばい
またね　またね　さようなら　あくしゅでばいばいばい

2 さよならしても　わすれないよ　ずっとずっとずっと
このゆびとまれ　それ、ジャンケンポン！　かくれんぼ　おにごっこ
げたばこのおくに　かくしたままの　あのひのどろだんご
イチョウのじゅうたん　おばけかいだん　きみのえがおも

またね　またね　さようなら　あくしゅでばいばいばい
またね　またね　さようなら　あくしゅでばいばいばい

またね　またね　さようなら　あくしゅでばいばいばい
またね　またね　さようなら　あくしゅでばいばいばい

「卒園のときは、泣きながら悲しい顔でお別れするのと、ニコニコまたねって笑顔でお別れするのと、みんなはどっちが良いかな?」と気持ちを確かめ、子どもたちから「笑顔でお別れしたい!」という声が上がれば、しめたもの!

気持ちを込めてこの曲をすてきに歌えると思います。「またねまたね〜」の所はダンスしたり、歩きながら歌い「握手でばいばいばい」の所で出会った人と握手やハイタッチをして遊んだりすると楽しめます。

滑らかに。

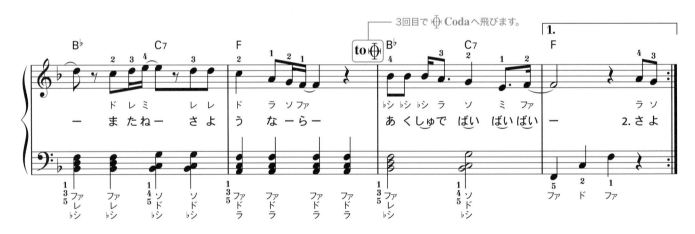

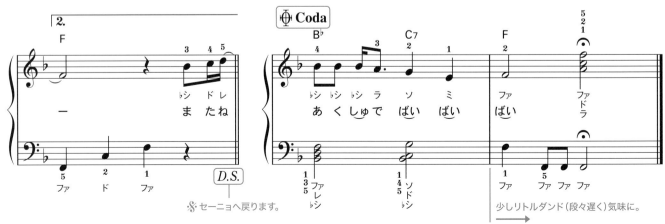

歌詞メッセージ ＞ お祝い　送る歌

心をこめてこの歌を

作詞・作曲／滝川弥絵

\ 音源チェック /

一緒に遊んだことなどを思い出しながら、卒園児と在園児の深い結び付きを歌い上げます。
歌詞を通して、5歳児への憧れにつながり、進級への決意も芽生えることでしょう。

一年間の出来事を、懐かしく振り返っているイメージで作曲した前奏です。
優しく、心に呼び掛けるように弾きましょう。

音の粒をそろえ、一音ずつ丁寧に弾きます。

園の思い出に替えて歌っても良いですね。
卒園児との思い出を振り返りながら、丁寧に歌いましょう。

歌詞

1

やさしいえがおの　おねえさん　あかるくげんきな　おにいさん
いつもすてきで　あこがれた
ちょっぴりげんきが　でないとき　あなたのえがおを　みるだけで
なんだかげんきが　わいてきた

いままでほんとにありがとう　うまくいえないけれど
こころをこめて　このうたを　おくります
ありがとう　ありがとう
どうかげんきで　またあうひまで

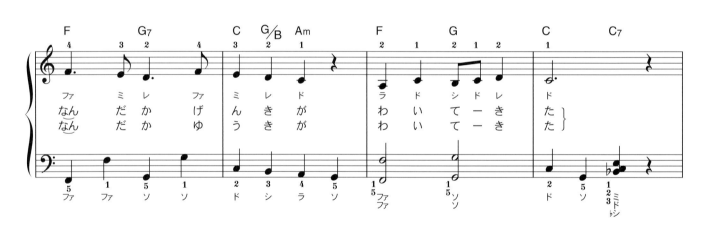

ここからは、
感謝の気持ちを込めて歌います。

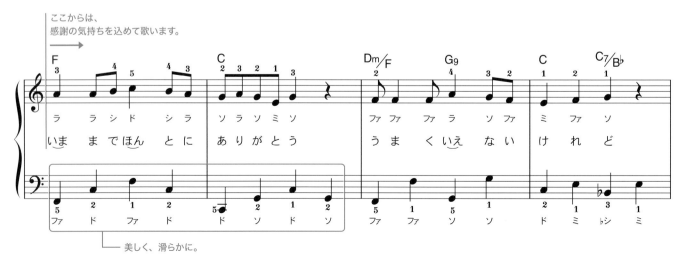

└─ 美しく、滑らかに。

2 あそんでくれた　おねえさん　たすけてくれた　おにいさん
むねにおもいで　つまってる
ちょっぴりゆうきがでないとき　あなたのすがたを　みるだけで
なんだかゆうきが　わいてきた

いままでほんとにありがとう　うまくいえないけれど
こころをこめて　このうたを　おくります
ありがとう　ありがとう

どうかげんきで　またあうひまで

わたしはまだまだ　ちいさいけれど　ちからをあわせて　がんばるよ
だからしんぱいしないでね　まかせてよ
ありがとう　ありがとう　どうかげんきで　またあいたいよ

別れを寂しく思いながらも、盛り上げていきます。

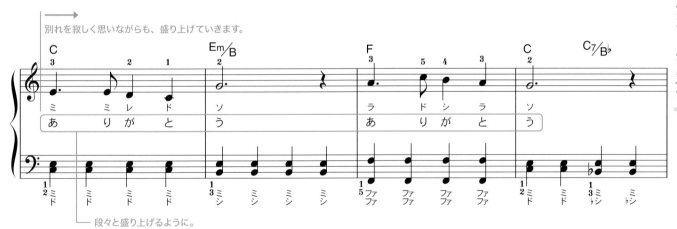

段々と盛り上げるように。

音をほんの少し短めにして歌います。

事前に卒園児との交流を増やしたり、思い出を話題にしたりして気分を盛り上げ、卒園児にどんな言葉を贈りたいかをインタビューしたあとに歌を紹介するのも良いですね。歌詞が長いので、サビだけでも歌えたら褒めたり励ましたりしているうちに、段々と全体を覚える子どもが増えていきますよ。

音をほんの少し短めにして歌います。

新しい年度への決意を込め、
力強く歌い上げると、とても感動的に仕上がります。

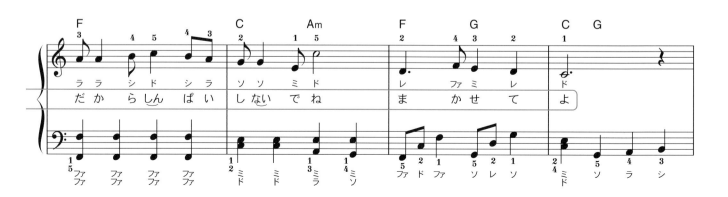

再び、卒園児への感謝の気持ちを盛り上げます。

気持ちを込めて、
卒園児に呼び掛けるように
歌いましょう。

美しく、滑らかに。

123

歌詞メッセージ 友達

みんなともだち

作詞・作曲／中川ひろたか　編曲／滝川弥絵

\音源チェック/

卒園を間近に控えると、友達との別れが寂しく不安な気持ちになりますが、
「ずっと友達」という歌詞が子どもたちに大きな安心感を与えてくれます。

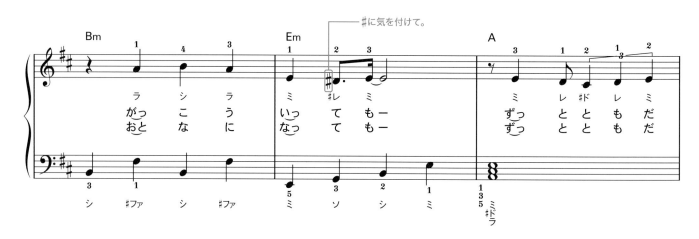

歌いたくなる♪ 保育 の コツ

「学校行っても」を「外国行っても」「おじいちゃんになっても」と替え歌を考えて遊んだり、「みんな一緒に〜」のところを「〇〇ちゃん□□がすてきだね」のように替え、一人ひとりの思い出やすごいところをうたう歌詞にしたりすると、更に盛り上がります（作者の中川さんがコンサートなどで紹介されていた遊び方です）。

D.S.①から ここに戻ります。

ここから空気感を変えて思い出を回想しながら。

少し音を省いてもOK。

音がつながって聞こえるように。

左手はウキウキした音になるように弾きましょう。

#に気を付けて。

歌詞

みんなともだち　ずっとずっとともだち
がっこういっても　ずっとともだち
みんなともだち　ずっとずっとともだち
おとなになっても　ずっとともだち

みんないっしょに　うたをうたった
みんないっしょに　えをかいた
みんないっしょに　おさんぽをした
みんないっしょに　おおきくなった

みんなともだち　ずっとずっとともだち
がっこういっても　ずっとともだち
みんなともだち　ずっとずっとともだち
おとなになっても　ずっとともだち

みんないっしょに　プールであそんだ
みんないっしょに　ロボットをつくった
みんないっしょに　かけっこをした
みんないっしょに　おおきくなった

みんなともだち　ずっとずっとともだち
がっこういっても　ずっとともだち
みんなともだち　ずっとずっとともだち
おとなになっても　ずっとともだち

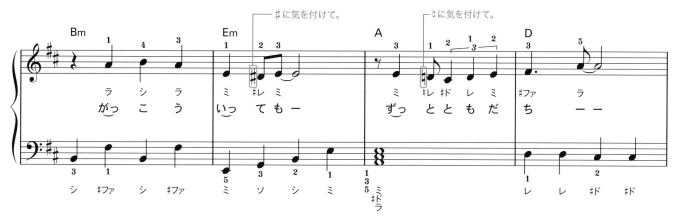

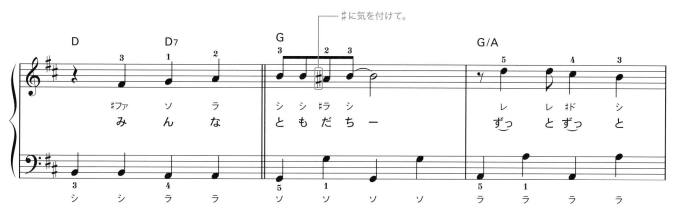

*D.S.*①の繰り返しが終わったあと、
1回目は ⊕ **Coda** ①へ、
2回目は ⊕ **Coda** ②へ飛びます。

𝄋 セーニョ①へ
戻ります。

to ⊕①からここに飛びます。

𝄋 セーニョ②へ
戻ります。

to ⊕②からここに飛びます。

記号が多いので、歌う順番をよく確認しておきましょう。

歌詞メッセージ ＞ 思い出　友達

またあえる日まで

作詞／アドベンチャーキャンプの子供達＆北川悠仁　作曲／北川悠仁　編曲／滝川弥絵

\音源チェック/

子どもにも大人にも愛されている歌です。とてもノリの良い曲なので、湿っぽくなく明るく笑顔で
「またね！」とお別れするのにピッタリです。最後に会場全員で大合唱したくなるかもしれませんね。

右手が忙しいので左手はシンプルにしましたが、ウキウキ感を大切に！音の変化もよく見て！

歌詞 **1**

あおいそら　しろいくも
ゆうきをもって　ふみだそう
おもいだすと　わらいあえる
たのしいおもいで
だいすきな　みんなの　えがおが　たからもの
つよいきずなを　ぼくは　わすれないよ

またあえるひまで　ゆめをわすれずに
かわらないままで　ずっといようよ
またあえるひまで　ゆめをかなえよう
しんじることが　こころをつなぐ

2
じぶんをしんじて　いっぽすすめば
なにかつかめるさ
すこしゆめを　おおきくして
きみはひとりじゃないから
いっしょうに　いちどの　たからもの
さみしいけれど　なみだふいて　たびだとう

またあえるひまで　ながれぼしにねがった
かざらないこころで　ずっといようよ
またあえるひまで　かがやくほしに　ちかうよ
であえたことを　わすれはしない

またあえるひまで　またあえるひまで
またあえるひまで　またあえるひまで
またあえるひまで　またあえるひまで
またあえるひまで　またあえるひまで

気持ち良くウキウキとした明るい声で歌いましょう！

左手はややスタッカートで弾みながら。

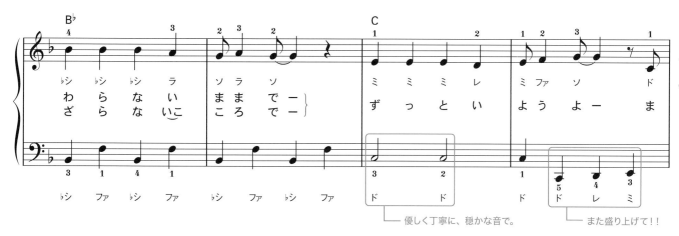

└── 優しく丁寧に、穏かな音で。　　　　　　└── また盛り上げて！！

歌いたくなる♪ 保育の コツ

YouTube、CDなどで「ゆず」が歌っている音源を聴かせると、一発で歌いたくなりますよ。そのあとで、「実はこの曲弾けるんだけど、一緒に歌う？」と誘えば、「わぁー！ 先生すごい！！」という

ように、すぐにこの歌のとりこになると思います。いきなり歌わせようと焦らず、手拍子をしたり、体でリズムをとったりすることを楽しみながら、サビから少しずつ歌えるようにすると良いですね。

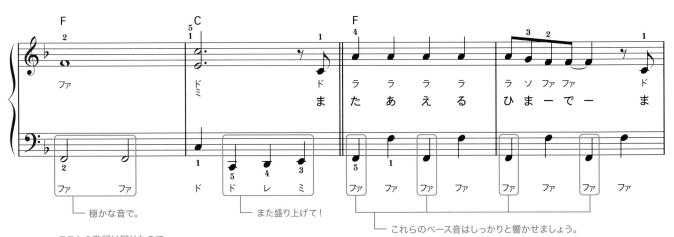

ここから歌詞は同じなので、
メロディーの変化をしっかりと意識して！！

少しテンポを落とし、
曲の終わりの合図を送ります。

たっぷりと息を吸って。

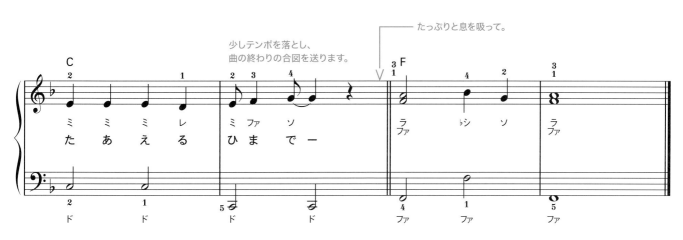

ここは丁寧にかみ締めるように弾くと、感動的！

歌詞メッセージ ▶ 思い出 友達

思い出のアルバム

作詞／増子とし　作曲／本多鉄磨　編曲／滝川弥絵

春夏秋冬の園でのエピソードを思い出しながら、
寂しさと卒園の喜びをかみ締め、心を込めて歌いましょう。

\音源チェック/

テンポが段々遅くなりやすいので、
1小節を大きく2拍として捉えてカウントしながら演奏すると、
テンポをキープしやすいです。

歌い出しの合図をするような気持ちで。

★親指で2つの音を同時に鳴らします。

歌は、前半は控えめにして、後半に盛り上げていくと感動的です。

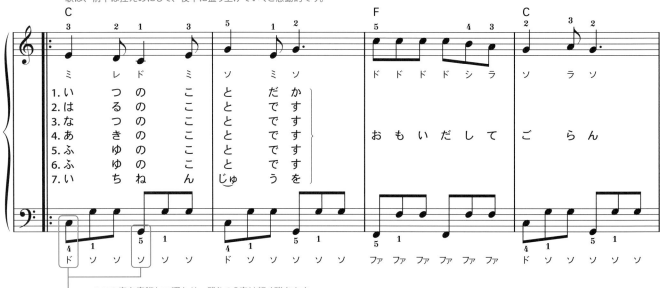

ここの音を意識して響かせ、残りの2音は軽く弾きます。

歌詞

1　いつのことだか　おもいだしてごらん
あんなこと　こんなこと
あったでしょう
うれしかったこと　おもしろかったこと
いつになっても　わすれない

2　はるのことです　おもいだしてごらん
あんなこと　こんなこと
あったでしょう
ぽかぽかおにわで　なかよくあそんだ
きれいなはなも　さいていた

3　なつのことです　おもいだしてごらん
あんなこと　こんなこと
あったでしょう
むぎわらぼうしで　みんなはだかんぼ
おふねもみたよ　すなやまも

4　あきのことです　おもいだしてごらん
あんなこと　こんなこと
あったでしょう
どんぐりやまの　ハイキング　ラララ
あかいはっぱも　とんでいた

5　ふゆのことです　おもいだしてごらん
あんなこと　こんなこと
あったでしょう
もみのきかざって　メリークリスマス
サンタのおじさん　わらってた

6　ふゆのことです　おもいだしてごらん
あんなこと　こんなこと
あったでしょう
さむいゆきのひ　あったかいへやで
たのしいはなし　ききました

7　いちねんじゅうを
おもいだしてごらん
あんなこと　こんなこと
あったでしょう
もものおはなも　きれいにさいて
もうすぐみんなは　いちねんせい

高い声は力を抜くと良いです。

高音を歌うように弾きましょう。

次の歌い出しを促すように弾きます。

135

歌詞メッセージ ▷ 思い出　友達

たいせつなたからもの

作詞・作曲／新沢としひこ　編曲／滝川弥絵

＼音源チェック／

シンプルな優しいメロディーで、子どもにはとてもうたいやすい歌です。余裕をもって歌詞に気持ちを傾けることができるので、思い出をかみ締めながら歌うことができるでしょう。

できるだけ美しく歌うように弾きましょう。

歌の入りが難しいときは、手本をうたって、繰り返し練習しましょう。

「ワン　ツー　スリー」と歌い出しの合図を送るように弾きましょう。

このような同音の連打になるときは、音数を減らしてもOK！

言葉は、はっきりと。

音の流れを意識して。

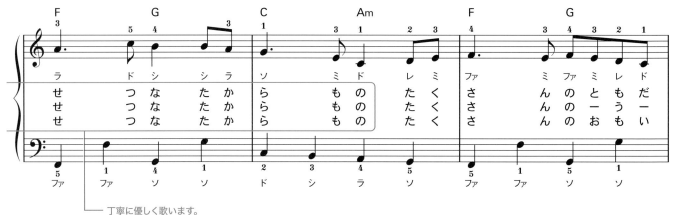

丁寧に優しく歌います。

歌詞

1　ここで　いっしょにあそんだ　ともだちを　ずっとずっと　おぼえていよう
　　たいせつなたからもの　たくさんのともだち

2　ここで　みんなとうたった　うたを　ずっとずっと　おぼえていよう
　　たいせつなたからもの　たくさんのうた

3　ここで　みんなとわらった　あのときを　ずっとずっと　おぼえていよう
　　たいせつなたからもの　たくさんのおもいで
　　たいせつなたからもの　たくさんのおもいで

歌いたくなる♪ 保育 の コツ

「園で見つけた宝物をひとつ教えて！」とインタビューしましょう。写真で撮って卒園文集に添えたり、クラス新聞で発表し合ったりしても良いですね。友達の宝物に共感したり、思いに気付いたりと、卒園への気持ちが盛り上ってから歌を紹介すると、よりこの歌へ共感できるでしょう。

左が2音になるので気を付けて。

ここも歌い出しの合図のように。

拍子の変化に注意。

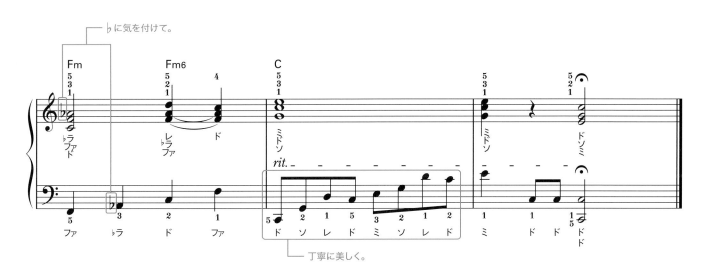

♭に気を付けて。

丁寧に美しく。

卒園式の
ドリームソング

歌詞メッセージ 思い出 友達

さよならぼくたちのほいくえん

作詞／新沢としひこ　作曲／島筒英夫　編曲／滝川弥絵

＼音源チェック／

思い出のシーンがよみがえってくる温かな歌詞に、思わず目頭が熱くなる愛情あふれる歌です。
園の形態に合わせて、「ほいくえん」を「ようちえん」や「こどもえん」に言い換えて歌いましょう。

爽やかに美しく歌うように弾きましょう。

右手のメロディーは美しく滑らかに、
左手は慰めるような優しい弾き方で。

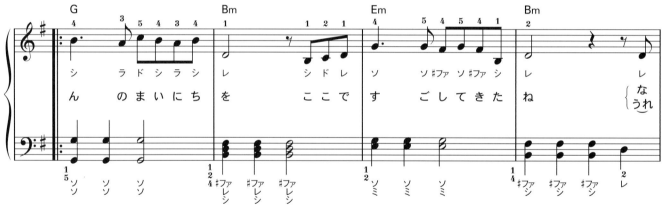

子どもには少し音が取りにくい所なので、
丁寧に練習しましょう。

この歌は園の様々な場所とひも付けられているので、「園庭での思い出は何？」「この保育室では？」など、みんなの心に残っている思い出を場所ごとに発表し、話題を共有してから歌を紹介すると良いでしょう。「小学生になったらどんなことが楽しみかな？」などと話題にして、入学に向けてのワクワクとした期待感を大切にして歌いましょう。

子どもには少し音が取りにくいので、初めはテンポをゆっくりにして練習しましょう。

少し音幅が広く、音を外しやすいので気を付けて。

1 たくさんのまいにちを　ここですごしてきたね
なんどわらって　なんどないて　なんどかぜをひいて
たくさんのともだちと　ここであそんできたね
どこではしって　どこでころんで　どこでけんかをして

さよならぼくたちのほいくえん（※）
ぼくたちのあそんだにわ　さくらのはなびらふるころは
ランドセルのいちねんせい

2　たくさんのまいにちを　ここですごしてきたね
　　うれしいことも　かなしいことも　きっとわすれない
　　たくさんのともだちと　ここであそんできたね
　　みずあそびも　ゆきだるまも　ずっとわすれない

　　さよならぼくたちのほいくえん（※）
　　ぼくたちのあそんだにわ　このつぎあそびにくるときは
　　ランドセルのいちねんせい

さよならぼくたちのほいくえん（※）
ぼくたちのあそんだにわ　さくらのはなびらふるころは
ランドセルのいちねんせい

※「ようちえん」または「こどもえん」に言い換えても良いです。

大きくなっても

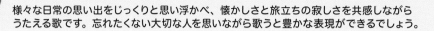

卒園式の ドリームソング

歌詞メッセージ　思い出　友達

作詞・作曲／柚梨太郎　編曲／滝川弥絵

様々な日常の思い出をじっくりと思い浮かべ、懐かしさと旅立ちの寂しさを共感しながら
うたえる歌です。忘れたくない大切な人を思いながら歌うと豊かな表現ができるでしょう。

\音源チェック/

歌いたくなる♪ 保育 の コツ

園生活を懐かしく振り返りながらも、大きくなった自分を想像しながらしっかりと前を向き、おにいさん、おねえさん気分で歌える曲です。「大きくなったらどんなふうになっているかな？」と想像し合っ

たり、絵を描いたりして楽しみ、「大きくなっても忘れないよ！」という気持ちが芽生えたら、歌を紹介してください。歌詞が心に刺さり、共感しながら歌えると思います。

— 拍子の変化に注意！

ここから少し気分を盛り上げて。

左手はここから少しドラマチックに盛り上げるように。

ここから最高に感情を込めて。

発表会 卒園式 スペシャルソング

143

なんどもけんかして　なんどもなかなおり
なんどもないたし　なんどもわらったね
おおきくなっても　おぼえているかな
おおきくなっても　おぼえていたいな

ときどきしかられて　ときどきほめられた
ときどきあくびして　ときどきかがやいた
おおきくなっても　おぼえているかな
おおきくなっても　おぼえていたいな

すこしずつあしたが　きょうにちかづいてる
さよならしてもきみのこと　わすれはしないから
おおきくなっても　おぼえているかな
おおきくなっても　おぼえていたいな

気持ちを少し静めて。

ここからは少し明るく希望を込めた声で。

2回目で ✛ Coda へ飛びます。

ここからまた左手はほっこりとした音で。

ここも「1、2、3、4」の「4」で
息を吸うと入りやすいです。

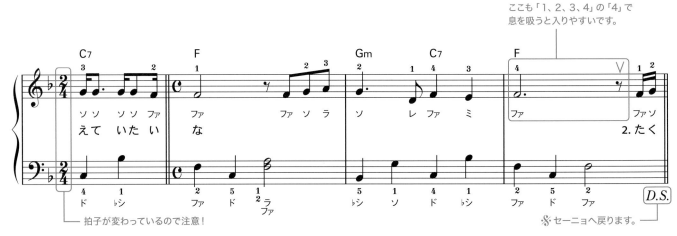

拍子が変わっているので注意！

✛ セーニョへ戻ります。

2 たくさんあそんだね　たくさんはなしたね
　　 たくさんうたったね　たくさんはしったね
　　 おおきくなっても　おぼえているかな
　　 おおきくなっても　おぼえていたいな

　　 きみともあそんだね　きみともはなしたね
　　 きみともうたったね　きみともはしったね
　　 おおきくなっても　おぼえているかな
　　 おおきくなっても　おぼえていたいな

すこしずつあしたが　きょうにちかづいてる
さよならしてもきみのこと　わすれはしないから
おおきくなっても　おぼえているかな
おおきくなっても　おぼえていたいな

さよなら　さよなら　さよなら　さよなら

ブレスして空気感を少し変えて。

左手は、去っていく子どもを励ますような気持ちで。

拍子が変わっているので注意！！

締めくくりの音なので
どっしりと響かせて。

歌詞メッセージ 〉 思い出 感謝 旅立ち

さよならのららら

作詞・作曲／滝川弥絵

\音源チェック/

大切な人への感謝の気持ちやお別れの寂しさをストレートに伝えたいシーンにピッタリの曲です。
テンポは速くなり過ぎないで、かみ締めるように弾くのがおすすめです。

歌詞

1 さよならのまえに　いろんなことを　おもいだしたら
なつかしすぎて　なみだがでたよ　みんなとのじかん
らら　らら　らら　らららら　らららら

2 うれしいときも　かなしいときも　いっしょだったね
さよならしても　みんなのことは　ぜったいわすれない
らら　らら　らら　らららら　らららら

3 ありがとうせんせい　ありがとうともだち　ありがとうようちえん（※）
これでおわかれ　さよならです　みんなげんきでね
らら　らら　らら　らららら　らららら

4 ゆうきとぼう　むねにだいて　しゅっぱつしよう
あすにむかい　たびだつのさ　ゆめをめざして
らら　らら　らら　らららら　さようなら

※「ほいくえん」または「こどもえん」に言い換えても良いです。

歌いたくなる♪ 保育の コツ

1番で園生活が終わる寂しさをかみ締め、2番で友達とのきずなを誓い、3番で寂しさを感謝の気持ちに昇華させ、4番で夢を胸に、新たな世界へ旅立つ決意をもてるよう、歌詞についてたくさん対話をしてください。「ららら〜」は澄んだ声で歌い、他は語るように歌いましょう。

「ららら〜」の所は、声を張り上げるのではなく、
天使のような澄み切った声を意識するとすてきになります！

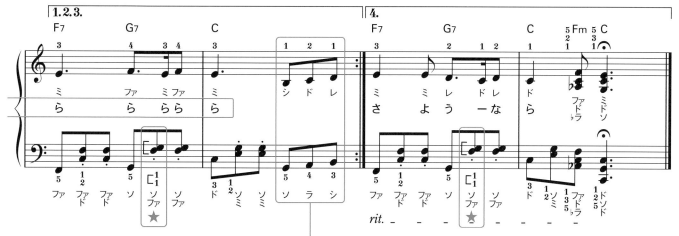

3回目のときだけ、この部分を少しだけ力強く演奏すると、
子どもたちは気持ちを切り替えることができ、たくましく歌い上げます。
怒鳴り声にならないように気を付けましょう。

発表会　卒園式　スペシャルソング

歌詞メッセージ 〉 感謝　旅立ち

卒園式の朝

作詞・作曲／滝川弥絵

＼音源チェック／

卒園は子どもたちにとって、大きな節目です。うれしいけれど、不安で、寂しくってドキドキ…。
この歌を通して誇らしい気持ちになり、胸を張って卒園式の朝を迎えてほしいと思います。

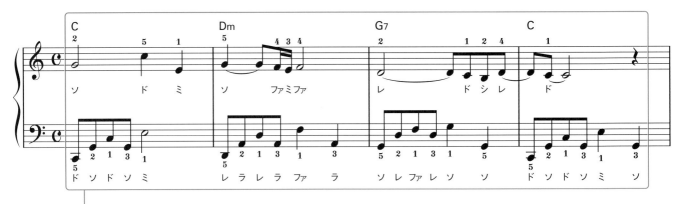

―― 前奏は、朝の爽やかさをイメージした音を意識しましょう！

流れるような、
柔らかい歌い方がおすすめ！

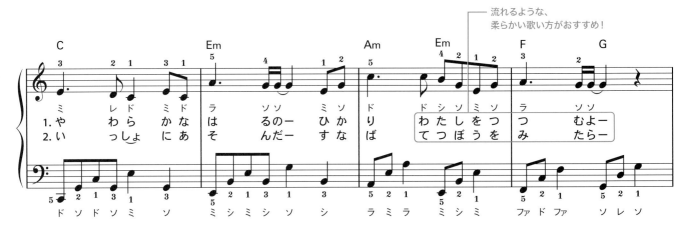

この辺りから、段々と気持ちを
盛り上げて歌いましょう！→

歌詞

1
やわらかなはるのひかり　わたしをつつむよ
たびだちのおいわいに　とりもそらでうたうよ
はじめはちいさな　つぼみだったわたしたち
えがおのはなをさかそう　そつえんしきのあさ
ありがとうさよなら　ゆうきをもって　たびだとう

2
いっしょにあそんだすなば　てつぼうをみたら
なんだかまえよりも　すこしちいさくみえた
おおきくなることは　うれしいことなんだけど
ほんとはすこしさみしい　そつえんしきのあさ
ありがとうさよなら　ゆうきをもって　たびだとう

はじめはちいさな　つぼみだったわたしたち
えがおのはなをさかそう　そつえんしきのあさ

— 気持ちを改めて、
言葉を大切にしながら歌うといいですね。

1の指で2音鳴らします。

— 気持ちの良い、伸びやかな声で！

発表会　卒園式　スペシャルソング

149

「卒園式の日はどんな気持ちになるかな？ どんな朝だろう？　どんな空になるかな？」 などと想像しながら、楽しみな気持ちを膨らませるように話し合いをしてから歌を紹介します。「どんな顔で卒園したい？　泣き顔？

笑顔？　泣いちゃうかもしれないけど、卒園 はおめでたいことだから、笑顔で卒園できた らいいね。みんなが笑うと花が咲いたみたい だからね」などと歌詞の言葉にふれておくと、 イメージをもってうたえますよ。

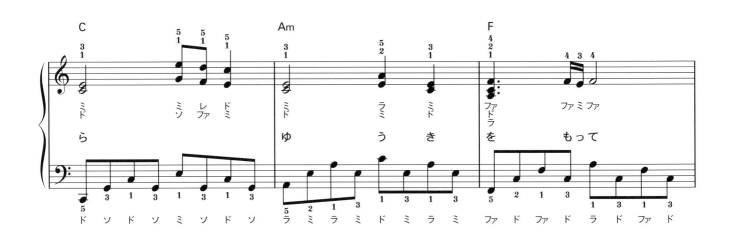

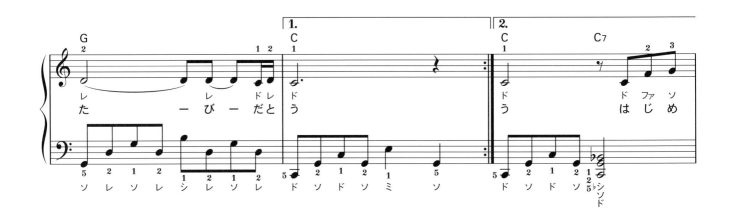

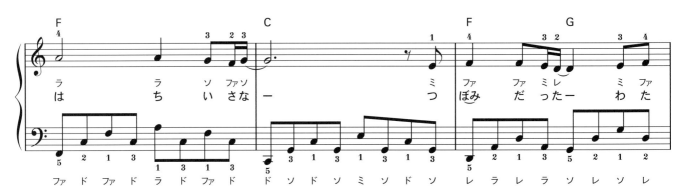

盛り上げて！

最後は、しんみりと。ゆっくり丁寧に、
「寂しい」という気持ちをたっぷりと表現しましょう。

rit. _ _ _ _ _ _ _ _ _ _ _ _ _ _ _ _

1の指で2音鳴らします。

歌詞メッセージ 旅立ち 未来

道

作詞・作曲／滝川弥絵

\ 音源チェック /

未来への不安の中でも、勇気をバネに失敗を恐れず進もうという決意が込められた歌です。
支えてくれた人たちを思い浮かべて歌うと感動的です。

右手のメロディーは美しく、歌うように弾きましょう。

始めはつぶやくように、
自分に言い聞かせるように歌うと効果的!

左手はうるさくならないよう、
落ち着いた音で弾きましょう。

歌いたくなる♪ 保育 の コツ

共に過ごした時間が楽しいほど、次に訪れる未知の世界をより不安に感じることがありますね。その不安を封じ込めるのでなく、受け止めながら、失敗をしても良いこと、すぐにうまくいく必要はないこと、必ず支え励ましてくれる存在がいることに気付かせましょう。また、人生の先輩としてこんなふうに乗り越えた、という体験談を話すことも一つです。そして、「落ち込んだときに勇気が出てくる歌をプレゼントするね」とこの歌を紹介すると良いでしょう。

優しさを感じさせる声を意識して歌いましょう。

1 の指で2音鳴らします。

発表会 卒園式 スペシャルソング

153

1 しっぱいしない　ひとはいない　まちがえながらあるいてる
とまどって　たちどまり　うしろをふりかえる
そんなとき　あなたがいて　やさしくわらってくれたから
なんだかげんきがわいてきて　また　あるきだせた

みちはどこまでもつづく　あるいても　あるいても
そしてわたしはあるく　みちがあるかぎり

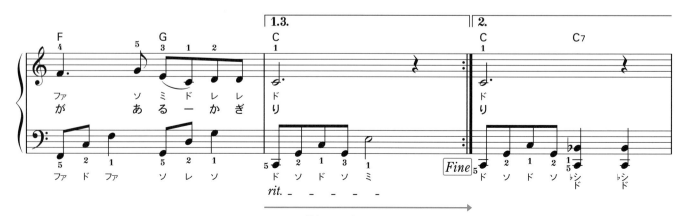

2 いったりきたり　まわりみち　いつしかいきどまり
いしころに　つまずいて　みちにしゃがみこむ
ほどうのすみに　ひっそりさいた　ちいさなしろいはな
いそいでとおりすぎてたら　きっと　きづかなかった

みちはどこまでもつづく　あるいても　あるいても
そしてわたしはあるく　みちがあるかぎり

みらいのみちは　けわしくとおいけど
じぶんのあしで　ちゃんと　ちゃんと　あるけるから

みちはどこまでもつづく　あるいても　あるいても
そしてわたしはあるく　みちがあるかぎり

最後は感情を込めて、
怒鳴らないように注意しましょう。
澄み切った声で歌います。

𝄋 セーニョへ戻ります。

歌詞メッセージ ＞ 旅立ち

ゆうきをだして

作詞・作曲／滝川弥絵

＼音源チェック／

仲間との別れをかみ締めながら、園生活で得たものを糧に、力強く一歩踏み出してほしいですね。
応援の気持ちに後押しされて、卒園児たちが奮い立つ歌になっています。

ここが格好良く決まると、曲全体が引き締まります。
後半の「むねをはって〜」の部分も引き立ちますよ！

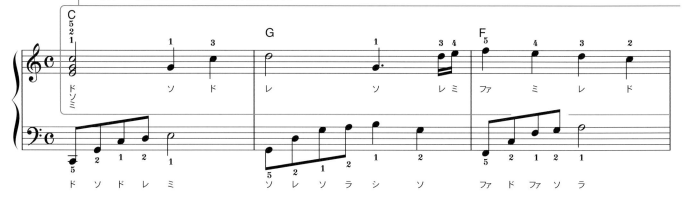

思い出に浸るように、しっとりと弾きます。
懐かしさ、別れの寂しさがあふれ、印象的な歌い出しを演出できるでしょう。

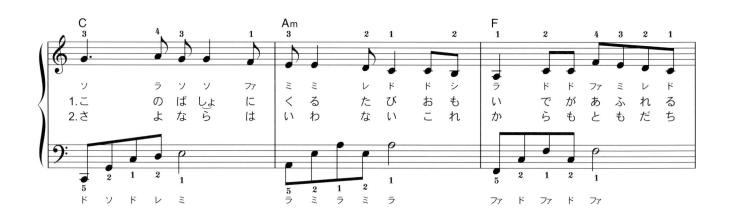

歌詞

1
このばしょにくるたび　おもいでがあふれるよ
きみとすごしたじかん　いつもかがやいてた
いつだっていっしょに　このみちをあるいてきた
だからちゃんとげんきに　ここまでがんばれた
だけどときはすぎて　たびだつときがきた
めざすゆめをそれぞれに　むねにだきしめて

ゆうきをだして　つよいこころで　むねをはって　あしたにすすもう
ゆうきをだして　つよいこころで　むねをはって　あしたにすすもう

2
さよならはいわない　これからもともだちさ
とおくはなれていても　こころはつながってる
しんらいのきずなで　むすばれているのだから
どんなことがあっても　ずっとともだちさ
もしもつらくなって　なみだこぼれるときは
あおいそらをみあげては　きみをおもいだそう

ゆうきをだして　つよいこころで　むねをはって　あしたにすすもう
ゆうきをだして　つよいこころで　むねをはって　あしたにすすもう

発表会　卒園式　スペシャルソング

この辺りから、少しずつ感情を高めていきます。

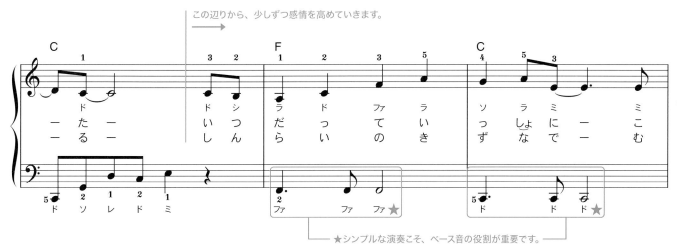

★シンプルな演奏こそ、ベース音の役割が重要です。

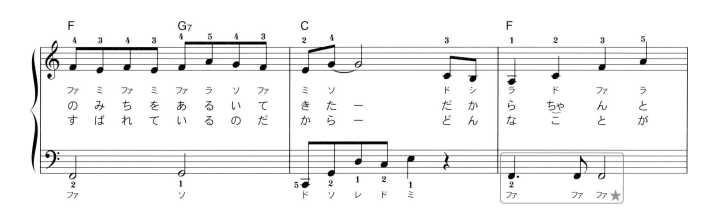

歌を紹介する前に、友達との園生活の思い
出話を楽しむと良いでしょう。写真などを
用いると、更に思い出が鮮明になります。
互いの成長を認め合い、支えてくれたたく
さんの人のことを思い、感謝の気持ちを引

き出せると、歌により心が込もって、感動
的な表現につながります。また、「自分のど
んな成長ぶりを見せたいか」についても話
し合っておくと、卒園式での子どもたちの
輝きも増すはずです！

決意を胸に込めて歌いましょう。

優しく、少し寂しげな伴奏を意識すると効果的です。

ここから、気持ちをぐっと盛り上げていきましょう！

とても大切な音です。新しい世界への期待が芽生え、
チャレンジする決意につながります。

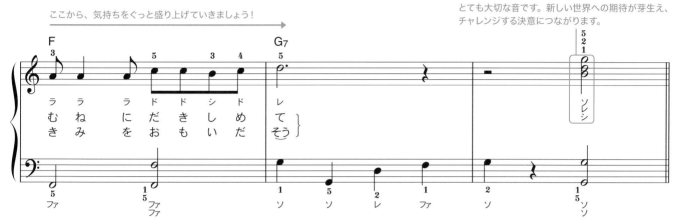

オクターブ奏が続きます。しっかりと練習しましょう。

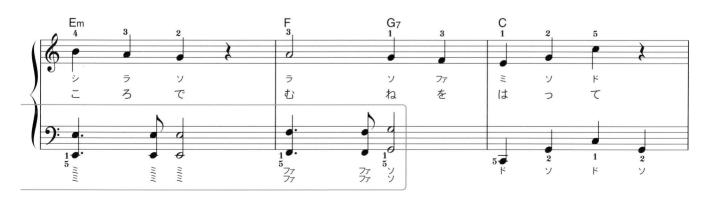

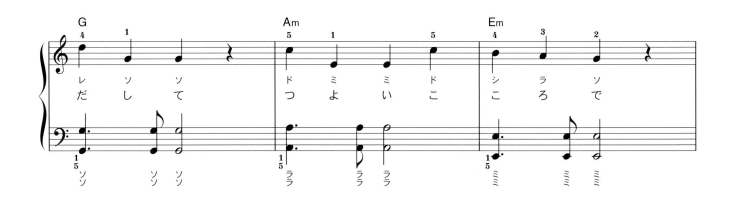

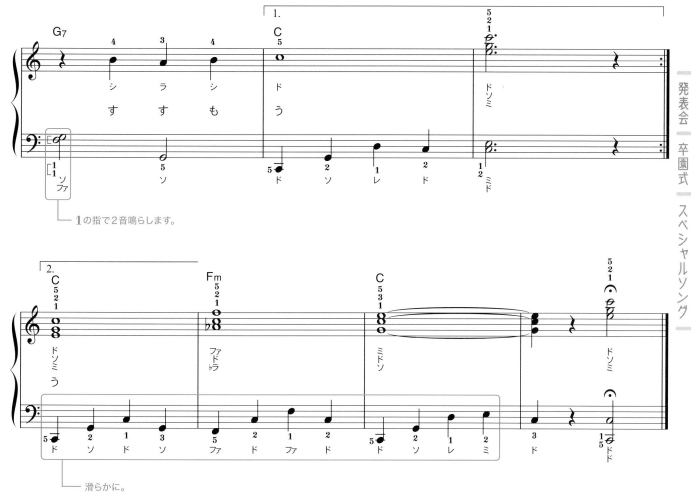

1の指で2音鳴らします。

滑らかに。

歌詞メッセージ 思い出 感謝 旅立ち

ありがとう・さようなら

作詞／井出隆夫　作曲／福田和禾子　編曲／滝川弥絵

\音源チェック/

曲の歌詞と重なって思い出が脳裏を駆け巡り、とても穏やかな気持ちになれる歌です。
メロディーもとても美しく優しいので、聞いている保護者も思わず涙してしまうかもしれません。

黒鍵を3つ使う音階です。よく覚えて慣れておきましょう。

1小節を2拍子のようにリズムをとると歌いやすいです。

短い前奏ですが、丁寧に美しく弾くと
歌に気持ちが込もりやすいです。

♪♪を1拍のようにカウントすると
2拍子の曲のような感覚で曲にのれます。

「ありがとう・さようなら」の言葉は、口をはっきりと動かして美しく発音すると、
気持ちが伝わりやすいです。「が」は「GA」ではなく「NGA」のように、
鼻に掛かった声にすると、優しい感じになります。

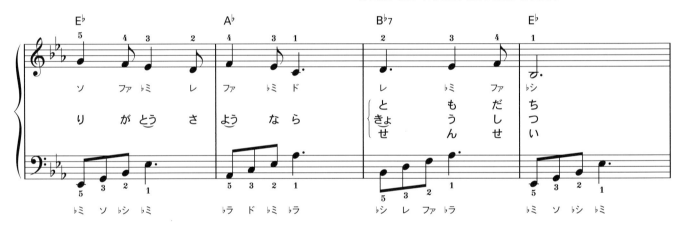

1　ありがとう　さようなら　ともだち
ひとつずつのえがお　はずむこえ
なつのひざしにも　ふゆのそらのしたでも
みんなまぶしく　かがやいてた
ありがとう　さようなら　ともだち

2　ありがとう　さようなら　きょうしつ
はしるようにすぎた　たのしいひ
おもいでのきずが　のこるあのつくえに
だれがこんどは　すわるんだろう
ありがとう　さようなら　きょうしつ

3　ありがとう　さようなら　せんせい
しかられたことさえ　あたたかい
あたらしいかぜに　ゆめのつばさひろげて
ひとりひとりが　とびたつとき
ありがとう　さようなら　せんせい

ありがとう　さようなら　みんな　みんな
ありがとう　さようなら　みんな

歌いたくなる♪ 保育のコツ

「『さようなら』の言葉だけでは寂しいから、もう一つ言葉を贈るとしたら何が良い?」と投げ掛け、「ありがとう」の言葉を引き出せると、より歌詞に心が込もります。一度に3番まで教えると、難しい、覚えられないと自信を失うので、少しずつ行ないましょう。高音が出しづらい子どもには無理をさせず、力を抜くと出しやすいよ、とアドバイスするくらいにし、他の所をいっぱい褒めてくださいね。

歌詞メッセージ　一年生

ドキドキドン！一年生

作詞／伊藤アキラ　作曲／櫻井順　編曲／滝川弥絵

\ 音源チェック/

入学への期待でいっぱいのうれしい気持ちを表現するのにピッタリの歌です。
みんなで元気良く歌うと、勇気が湧いて楽しい気持ちになります。

この前奏は「ド・キ・ド・キ・ドキドキドキドキ・ド・キドキドン1年生！」と歌うように
言葉をイメージして弾くと、弾きやすく盛り上がります。

明るくハキハキと。

右手が細かくて弾くのが大変なら、
「ソードーソーミ」のように音を省いても良いです。

親指一つで押さえます。

期待する気持ちで。

少し不安な気持ちで。

親指一つで押さえます。

発表会　卒園式　スペシャルソング

1
サクラさいたら　いちねんせい
ひとりで　いけるかな
となりにすわるこ　いいこかな
ともだちに　なれるかな
だれでもさいしょは
いちねんせい(いちねんせい)
ドキドキするけど　ドンといけ

ドキドキドン！　いちねんせい
ドキドキドン！　いちねんせい

2
チョウチョとんだら　いちねんせい
カバンは　おもいかな
ねむたくなったら　どうしよう
きゅうしょくは　うまいかな
みんなもおんなじ
いちねんせい(いちねんせい)
ドキドキするけど　ドンといけ

ドキドキドン！　いちねんせい
ドキドキドン！　いちねんせい

3
ヒバリないたら　いちねんせい
ぼうしは　にあうかな
あめのひかぜのひ　へいきかな
べんきょうも　するのかな
しんぞうおさえて
いちねんせい(いちねんせい)
ドキドキするけど　ドンといけ

ドキドキドン！　いちねんせい
ドキドキドン！　いちねんせい

ここはマイナーコードで雰囲気が変わるので、
曲調の変化を味わいつつ、丁寧に歌うと曲が締まります。

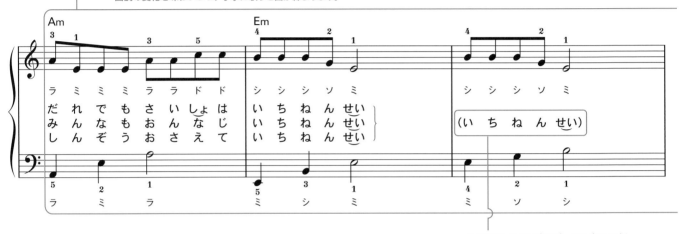

ここは少し小さい声で歌っても良いですし、
チームに分かれて追い掛けて歌っても良いですね。

思いっ切り明るい声で。

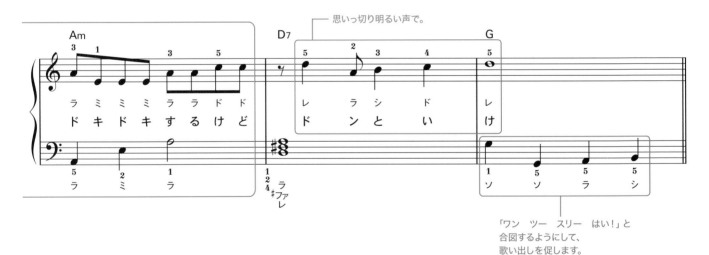

「ワン　ツー　スリー　はい！」と
合図するようにして、
歌い出しを促します。

明るく元気に。

「もうすぐみんなは一年生だね！ すごく楽しみな人！」「心配な人！」「緊張する人！」と問い掛けて、「そうだね、新しい所に行くって楽しみだけど心配もあるよね。でも、そんな不安な気持ちを吹き飛ばす歌を教えるから、きっと大丈夫だよ！」とこの歌を紹介してはどうでしょう。「ドンといけ」とか「ドキドキドン！一年生」の所に振りを付けると、より一層楽しく歌えます。

音が上がっていることに気を付けて！

左手がシンプルなので、右手はしっかりとリズム、音に気を付けて弾きましょう。
ここは「ド・キ・ド・キ・ドキドキドキドキ・ドン・ダダダダーン」の言葉をイメージして弾くと弾きやすいです。

発表会　卒園式　スペシャルソング

歌詞メッセージ ＞ 一年生

もうすぐりっぱな一年生

作詞・作曲／新沢としひこ　編曲／滝川弥絵

\音源チェック/

愛情たっぷりに接してくれた保護者や保育者に感謝の気持ちを贈る歌です。子どもたちは
立派に成長した自分に胸を張りつつ、不安な気持ちを自分で励ましながら歌うでしょう。

1 わがままで いたずらで
ふざけるのが だいすきで
けがはする かぜはひく
しんぱいだって かけたけど

でもだいじょうぶ
でもだいじょうぶ
ほら もうすぐ りっぱな
いちねんせい

2 ともだちと けんかして
ないてたひも あったけど
せんせいに おんぶして
あまえたひも あったけど

でもだいじょうぶ
でもだいじょうぶ
ほら もうすぐ りっぱな
いちねんせい

3 はれのひも あめのひも
げんきにかよってきたんだよ
きょうのひで さようなら
いろんなこと ありがとう

でもだいじょうぶ
でもだいじょうぶ
ほら もうすぐ りっぱな
いちねんせい

歌いたくなる♪ 保育のコツ

小さい頃のエピソードを話したあと、「今では
こんなに大きくなったから大丈夫だよ」と伝
わるように、「卒園式にこんな歌はどうかな？」
と紹介しましょう。歌詞のエピソードに違和
感や抵抗感がある子どもがいるときは、みん
ながしっくりくる歌詞を考えて、そこだけ替
えても良いですね。

ここから左手は応援するような深みのある音で。

フェルマータで音を
伸ばすことで余韻を残し、
感動的に！

無音状態を作ることで、
「いちねんせい」の言葉が際立ちます。

発表会　卒園式　スペシャルソング

歌詞メッセージ ＞ 一年生

一年生になったら

作詞／まど・みちお　作曲／山本直純　編曲／滝川弥絵

\音源チェック/

「友だち100人」「日本中」更には「世界中」と、スケールの大きさに期待が膨らむ夢いっぱいの曲です。卒園の寂しさや不安を笑い飛ばすように、明るく楽しく元気に歌いましょう。

行進するように、明るく元気に弾きましょう。

明るい声で元気に歌います。

ここからは滑らかに美しく歌います。

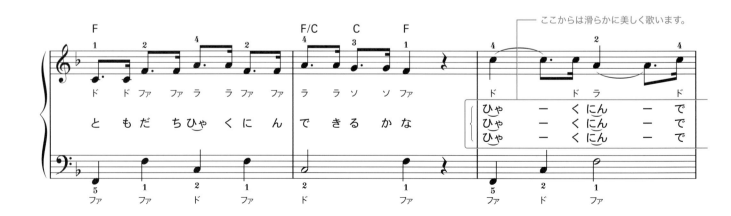

歌詞

1 いちねんせいになったら
いちねんせいになったら
ともだちひゃくにん
できるかな
ひゃくにんで　たべたいな
ふじさんのうえで　おにぎりを
ぱっくん　ぱっくん
ぱっくんと

2 いちねんせいになったら
いちねんせいになったら
ともだちひゃくにん
できるかな
ひゃくにんで　かけたいな
にっぽんじゅうを　ひとまわり
どっしん　どっしん
どっしんと

3 いちねんせいになったら
いちねんせいになったら
ともだちひゃくにん
できるかな
ひゃくにんで　わらいたい
せかいじゅうを　ふるわせて
わっはは　わっはは
わっはっは

卒園を前に「一年生になったらやってみたいことは何？」と話し合い、みんなで夢を描き、コメントを付けて文集を作ったら、良い思い出になりそうですね。そんな活動のあとに、「ものすごい夢をもった入学前の子どもの歌を見つけたよ！」と紹介したら、楽しいかもしれません。

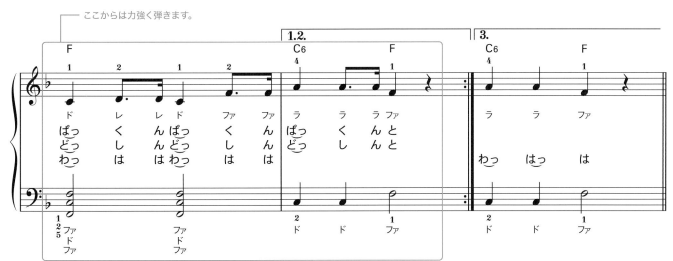

発表会　卒園式　スペシャルソング

171

歌詞メッセージ　愛　地球　平和

あいがあふれて

作詞・作曲／滝川弥絵

\ 音源チェック /

自分たちは愛されるべくして生まれ、無限の可能性を秘めたすばらしい存在であることを、
歌を通して感じられます。愛のあふれた卒園式にぴったりの曲です。

歌うように、滑らかに弾きましょう。

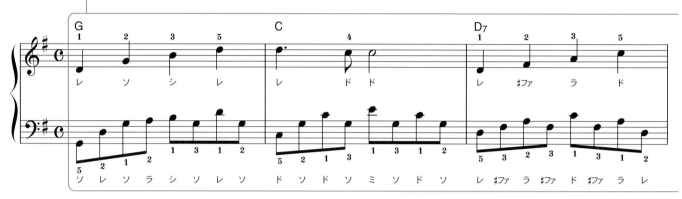

歌い出しやすいように、
この音を丁寧に弾きましょう。

日が昇っていく様子をイメージしながら、
じわじわとエネルギーが湧いてくるように。

赤ちゃんの頃の写真を持ち寄ったり、
当時のエピソードや、名前の由来を
聞いてきてもらったりして、一人ず
つインタビューしましょう。両親が
愛し合って自分は生まれ、両親も祖

父母が愛し合って生まれ、命は時代
を超えてずっと愛の力でつながって
きたこと、自分は愛されてこの世に
生まれてきたんだ、と感じられる機
会をもてると良いですね。

ここでしっかりとブレスを入れます。
気持ちを入れ直して歌い出しましょう。

ここから、
次第に盛り上がって
いきます。

優しく語り掛けるような声で。

歌詞

1
あいがあふれて　いのちがうまれて
ちきゅうがかがやき　やがてきぼうをつくる
そのてをのばしてごらん　てとてをつないでごらん

なんだかこころが　ほらあたたかくなるよ
あいがあふれて　きぼうになって
ちきゅうにえがおが　あふれるでしょう
あいがあふれて　きぼうになって
ちきゅうにえがおが　あふれる　あふれる　あふれるでしょう

2
わかりあえなくて　なやむこともある
だけどあきらめず　さあまえにすすもう
きもちをつたえてみよう　あいをおくってみよう

なんだかこころが　ほらあたたかくなるよ
あいがあふれて　きぼうになって
ちきゅうにえがおが　あふれるでしょう
あいがあふれて　きぼうになって
ちきゅうにえがおが　あふれる　あふれる　あふれるでしょう

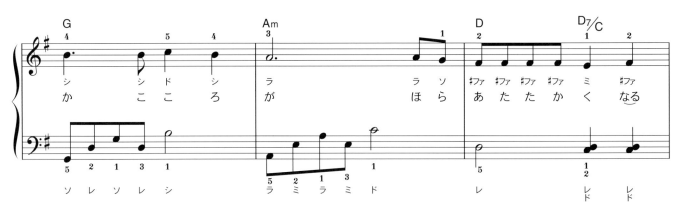

演奏をより華やかにするため、音を重ねています。
弾きづらいときは、上の音のみでOKです。

ブレスを入れやすくするために、
少しだけゆったりとしたテンポで弾きます。

ここから盛り上がりは最高潮に。
速く歌い過ぎないように気を付けましょう。

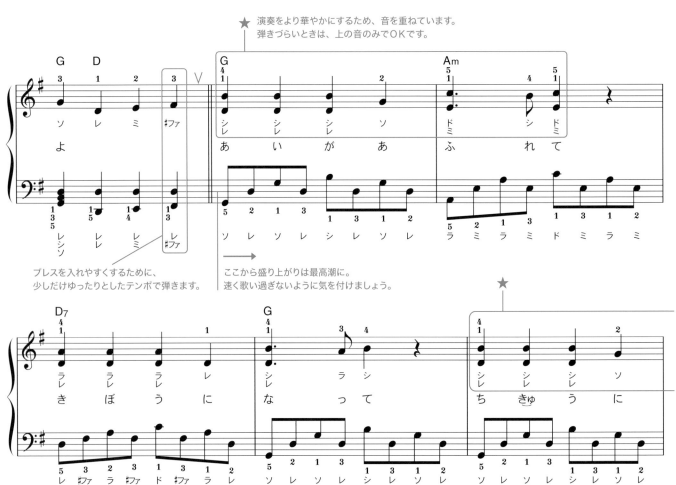

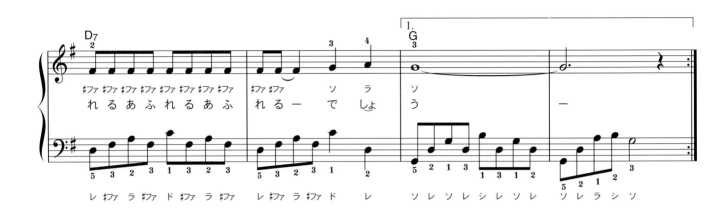

最後まで気を抜かず、丁寧に、
余韻をかみ締めるように演奏します。

176

歌詞メッセージ みんなで

よろこびのうた

作詞・作曲／小宮山葉子　編曲／滝川弥絵

\ 音源チェック/

一体感があり心温まる卒園式を演出するのなら、子どもたち・保護者・保育者みんなで
掛け合いの歌になっているこの曲がピッタリです。

左手から右手へと流れるように滑らかに。

語り掛けるように歌いましょう。

左手はかみ締めるように深く優しい音で。

「ありがとう」の気持ちを込めて歌います。

歌詞

1 （子）おかあさんたち　みてみて　きょうは
　　　うれし　うれしい　そつえんしき
　　　こんなにおおきくなりました
　　　もうすぐいちねんせい

（保護者）ほんとうに　こんなにおおきくなって
　　　にゅうえんしたころ　おもいだす
　　　ちいさかったあなたが　もうすぐいちねんせい
（　子　）おかあさん
（保護者）なあに
（　子　）ありがとう
　　　せんせい
（保育者）なあに

（　子　）　　　　ありがとう
（保護者・保育者）あのね
（　子　）　　　　なあに
（保護者・保育者）これからもずっと　げんきにおおきくなってね
（保育者）　　　　せんせいたちもわすれない
　　　　　　　　　げんきなかわいい　あなたたち
　　　　　　　　　いつまでもいつまでも　こころのなかに

（　子　）　　　　おおきくなっても　あそびにくるね　まっていて　せんせい
（保護者・保育者）さあ　よろこびのえがおをみせて
　　　　　　　　　おいわいのことばを　おくります
　　　　　　　　　おめでとう　ほんとうにうれしいひです
　　　　　　　　　さあ　おおきくおおきく　あるきはじめてください
　　　　　　　　　さあ　おおきくおおきく　あるきはじめてください

気持ちを少し切り替えて、
送り出し励ますように歌います。

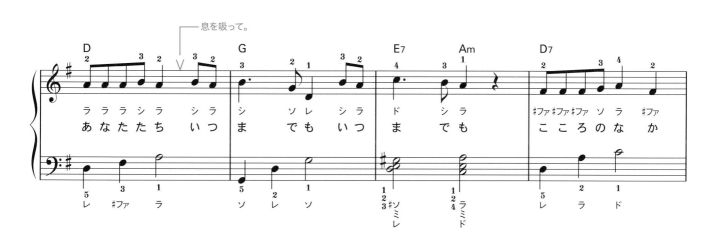

歌唱指導の前には、入園してからの思い出をたくさん話し合っておくと気持ちが高まり、より心を込めて歌えるでしょう。保護者との練習時間を確保するのは難しいですが、できたら保護者も歌詞を見ながらではなく、子どもたちの顔を見ながら歌うことができると、より感動が深くなると思います。歌詞には「お母さん」とありますが、当日の式の参加がお母さんとは限りませんので、そのときは柔軟に言葉を替えるなど、対応しましょう。

間奏です。必要に応じて繰り返しましょう。

ピアノが主役になる部分なので、歌うようにたっぷりと表現豊かに弾きますが、BGM的に使うときは音を抑えて弾きます。

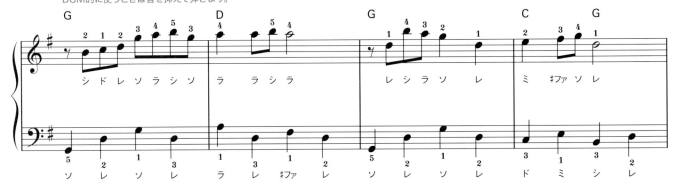

伴奏者も息を吸うと歌が入りやすいです。

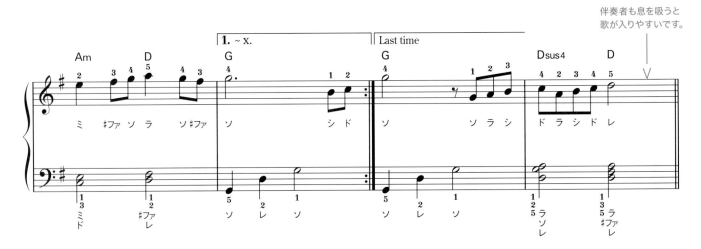

左手は優しい音で丁寧に滑らかに弾きましょう。

└─ドの音は4拍間響かせます。

元の速さに戻ります。

感動的な終わり方になるように、
段々とゆっくりにしていきます。

最後の感動を広げるように、丁寧に語り掛けるように弾きます。

スペシャル
ソング

♪ あしたにむかって
♪ 夢の欠片^{かけら}

著者オリジナルの人気曲を

ラクラク ver.　　ノーマル ver.　　弾き歌いクール ver.

の　難易度別　でご紹介♪

あしたにむかって

作詞・作曲／滝川弥絵

生きていると良いことばかりの毎日とはいきません。
でもそんなときこそ焦らず、諦めずに前を向いて進んでいけると良いですね。
この歌はそんなときにピッタリの、自分へ向けての応援ソングです。

歌詞

1
おもいどおりにならなくて　なんどなみだこぼしただろう

それでもあきらめないで　あゆんできたからいまがある

ひととくらべて　まわりきにして　おちこむなんてつまらない

すすめ　すすめ　もっとすすめ　さきをいそぐひつようはない

すすめ　すすめ　もっとすすめ　ゆめはまだとおい

2
すすむのにつかれたら　ちょっとみちくさもいいじゃない

いそいでいたらきづけない　すてきななにかみつけるかも

ちじょうにそだつ　すべてのものが　こんなにかがやいていきてると

※　すすめ　すすめ　　ひかりのみちを　みらいをてらすひかりになれ

すすめ　すすめ　　もっとすすめ　ゆめはまだとおい

※は弾き歌いクール ver.（P.191〜）のみ繰り返します。

この歌はね、みんなの応援歌になっているんだよ

それでも あきらめないで
あゆんで きたから いまがある

歌いたくなる♪  保育 の コツ

この歌は、コロナ禍で先が見通せない中で生まれました。うまくいかなくて落ち込んでいたり、失敗を悔やんでくよくよしていたりするときに紹介すると、歌詞の意味に共感しやすく、感情を込めやすくなると思います。自信をもてない、少しせっかちで今を楽しめていない子どもたちへの応援歌でもあります。歌詞を朗読したり、「進め進めもっと進め　先を急ぐ必要はない」の所を歌うと元気が出るよと、おすすめポイントを話したりするのも良いでしょう。未来への不安を吹き飛ばし、自信をもって前に突き進んで行くことを願って導きましょう。

あしたにむかって
ラクラク ver.：ピアノ初心者の方へ

＼音源チェック／

右手は美しく歌うように。

朝日が昇るようなイメージで、段々気分を盛り上げながら。

左手はかみ締めるように丁寧に。

伴奏者も息を吸って。

歌は暗くなり過ぎないほうが
感動につながります。

左手は下の音を滑らかにつなげてメロディーを感じながら、1音1音丁寧に。

発表会　卒園式　スペシャルソング

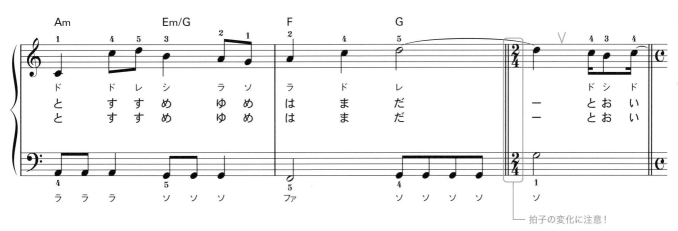

拍子の変化に注意!

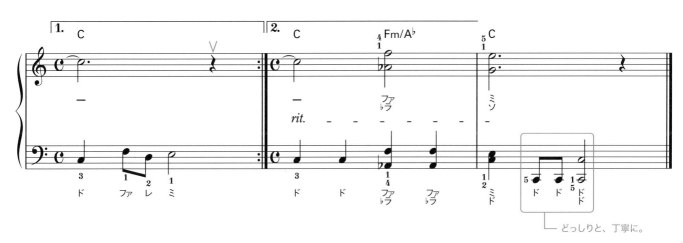

どっしりと、丁寧に。

あしたにむかって

ノーマル ver. ：ピアノに慣れている方へ

\ 音源チェック/

しっとりと感動的に。　　　　　右手は高音を主張しながらきれいに歌うように弾くとすてきです！

左手は少し控えめに、優しく滑らかに、腕の力を少し抜くと弾きやすいです。

初めは感情を抑え気味で歌い、
段々盛り上げていきましょう。

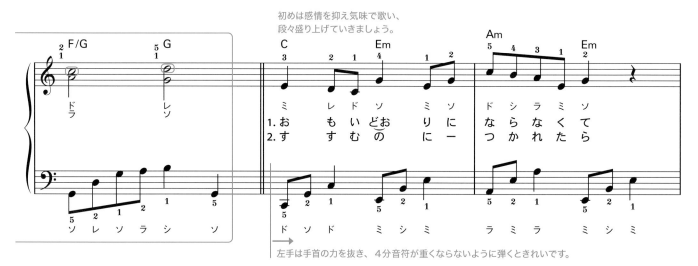

左手は手首の力を抜き、4分音符が重くならないように弾くときれいです。

ブレスをすると歌いやすいです。　　　歌はありません。次に導く音の飾りです。

やや強めに弾くと、
「すすめ」がノリやすいです。

拍子の
変化に注意！

無音の瞬間をつくると
格好良い！

音をしっかりと立てて。

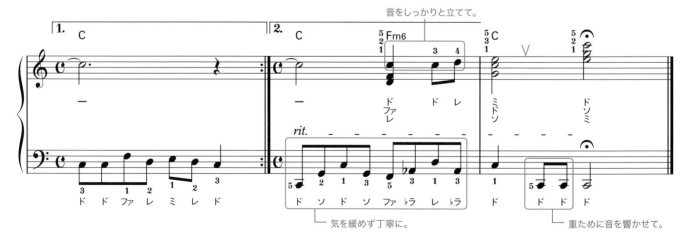

rit.

気を緩めず丁寧に。

重ために音を響かせて。

あしたにむかって
弾き歌いクール ver. ：もっと格好良く弾きたい方へ

\ 音源チェック/

前奏にも歌詞が入ります。明るくノリノリで。

歌も伴奏も大きくブレス。 怒鳴り声にならないように。

「ワン、ツー」とカウントし、息を吸ってから、強くはっきりした音で入ります。

ここは音・リズム優先で、はっきりと発音しなくてもOK！

「いくよ！」と掛け声を掛けるように弾きましょう。

右手の指の腹で音を滑らせて。

「ドシラソ」を聞かせるように。

音が変わっているので気を付けて。

力強く。

バンドのドラムとベースのように「ドン・ツ・ドン」のリズムで格好良く！

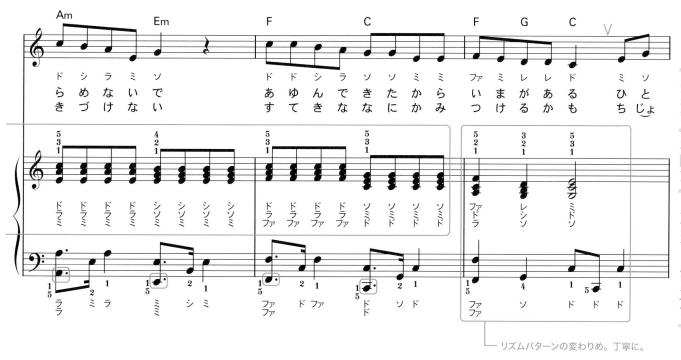

リズムパターンの変わりめ。丁寧に。

グリッサンドは歌い出しを促すように。

空気を変えて、しっとり美しく弾きましょう。

またここからはノリノリで！

1の指で2音鳴らします。

気持ちが高ぶる所なので、怒鳴り声にならないよう意識して。

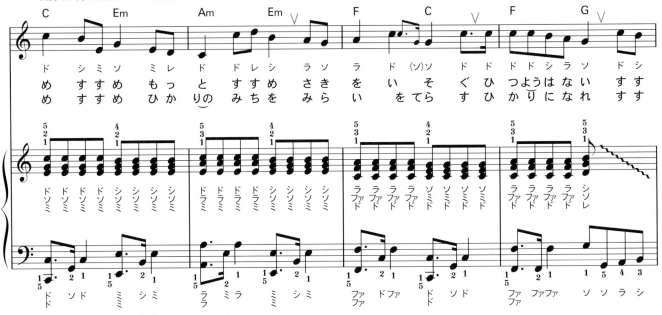

盛り上げるように弾きますが、テンポが速くなり過ぎないように。

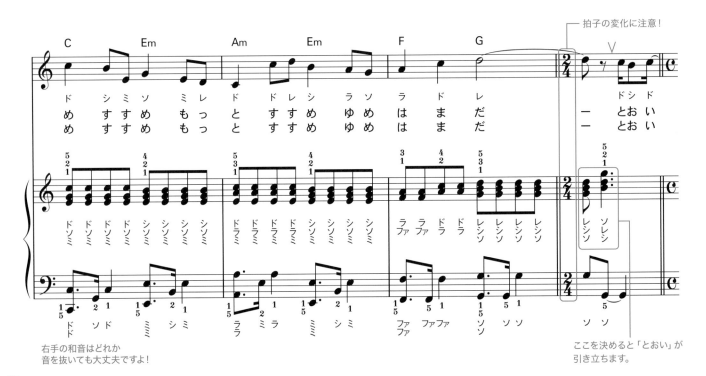

拍子の変化に注意！

右手の和音はどれか
音を抜いても大丈夫ですよ！

ここを決めると「とおい」が
引き立ちます。

ここの間奏で何かパフォーマンスをすると効果的です
(ex.嵐で倒れた稲穂が段々起き上がっていくようなダンス　など)。

気持ち良く歌も伴奏も盛り上がって。

すすめ　すすめ　ひかりの　みちを　みら

はっきりと。

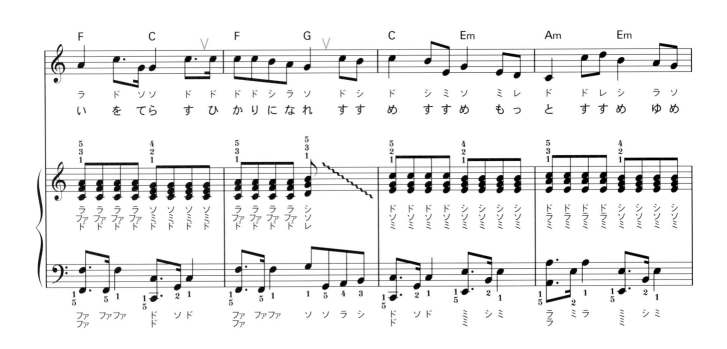

夢の欠片
（かけら）

作詞・作曲／滝川弥絵

前半はしっとりと心を込め、後半は美しくパワフルに歌うので感動的です。
一人ひとりが愛されて生きている喜びをかみ締めながら、
未来に向かう勇気を奮い立たせて歌いましょう！

歌詞

1
よぞらにまたたくうちゅうのほしは　だいじなことを　おしえてくれる
どんなにさみしいことがあっても　わたしはけっして　ひとりじゃないと
このよにいきる　だれもがすべて　あいしあいされ　いのちをつないでる

それぞれゆめのかけら　このてで　あつめながら
だいじにつないだなら　いつかゆめはかなう

2
どんなにつらくかなしいときにも　わたしはきっと　あきらめないよ
とおくにいたっていつもあなたが　わたしをしんじていてくれるから
しんじることは　あいすること　あなたのあいが　わたしをつよくする

それぞれゆめのかけら　このてであつめながら
だいじにつないだなら　いつかゆめはかなう

さぁ　いまわたしは　これからくるあすにむかい
ゆうきをもって　どこまでもつきすすむ

それぞれゆめのかけら　このてであつめながら
だいじにつないだなら　いつかゆめはかなう

歌いたくなる♪ 保育 の コツ

夢をもち叶えるために、自信と勇気をもって努力し続けてほしいという願いの込もった曲です。将来の夢を話し合う中で、叶えるための道は遠いけれど、頑張ることや好きなことを継続すること全てが将来への自分の心の財産となり、夢を叶える支えとなることに気付けると、感情を込めて歌えます。やや感傷的なメロディーですが、眉間を開いて口の広角を上げ、明るい声で歌うと希望に満ちた雰囲気になります。更に、同じ星を見ながら、人間が命をつないできたことへの感動にふれると、この歌への興味がより高まるでしょう。

夢の欠片

ラクラク ver. ：ピアノ初心者の方へ

\音源チェック/

前奏だけでも少し豪華にすると、
全体がゴージャスなイメージになるので、ちょっとだけ頑張って！

伴奏者もブレスすると
歌に入りやすくなります。

高音は力を抜いて歌うと
きれいな声が出やすいです。

1. よぞらにまーたたく　うちゅうのほしはー
2. どんなにつーらくか　なしいときにもー

左手がこのパターンの所は
2分音符の音が重たくならないように。

だいじなことを—　おしえてくれる　どんなにさみしい　ことがあってもー
わたしはきっとー　あきらめないよ　とおくにいたって　いつもあなたがー

この辺りからエネルギーを高めて。

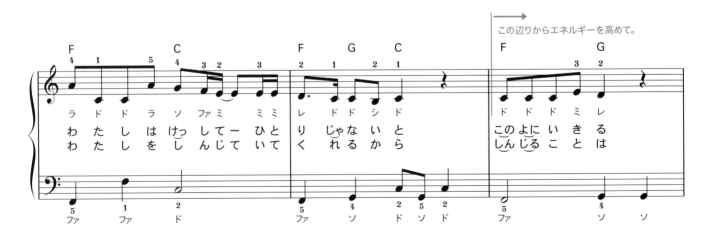

わたしはけっしてーひとり　じゃないとく　このよにいきる
わたしをしんじていて　れるから　しんじること は

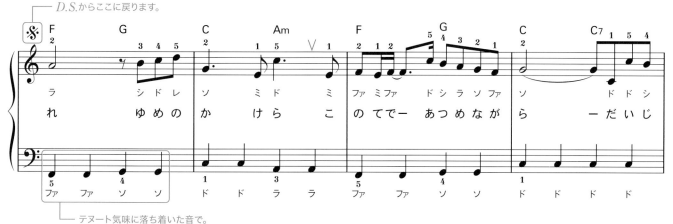

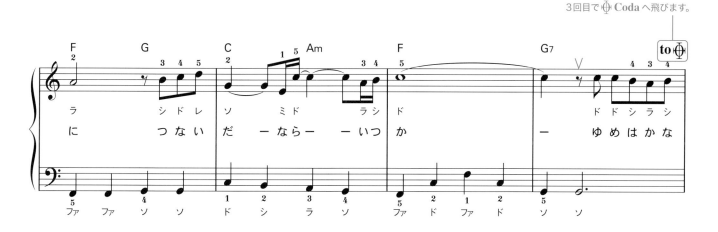

希望に満ちた明るい声で。

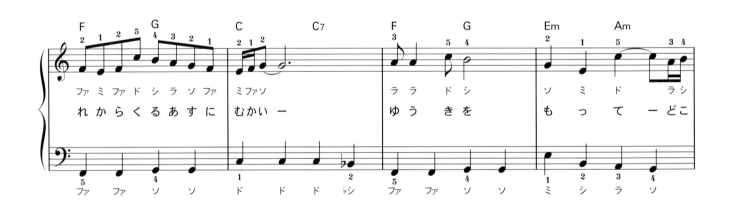

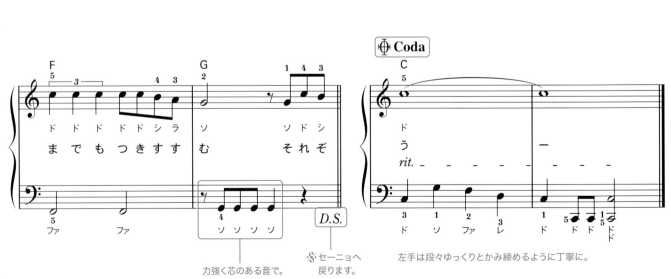

力強く芯のある音で。

𝄋 セーニョへ
戻ります。

左手は段々ゆっくりとかみ締めるように丁寧に。

夢の欠片
ノーマル ver. ：ピアノに慣れている方へ

\ 音源チェック/

歌い出しの合図のつもりで弾きます。

「よぞらに〜つないでる」までは、しっとりと語るように、やや音量は抑えめに歌います。聞き手に言葉がしっかりと伝わるように心を込めて。

宇宙の星がきらめいている様子を表現しています。
右手高音の「ソ」を少し強めに弾くと、キラキラ感を出せます！

左手は厳かな、落ち着いた音で！

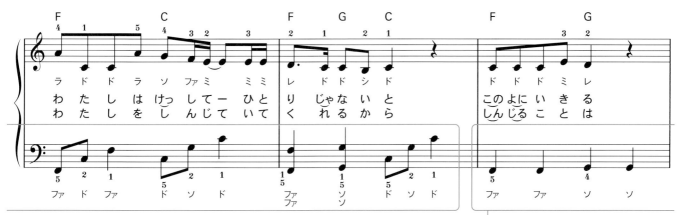

みんなの気持ちをリードし高めるように、左手はどんどん盛り上げて！

発表会　卒園式　スペシャルソング

201

感情を込め過ぎて怒鳴ってしまわないように。
この部分は憧れ、希望を表現します！

強い決意や勇気、「もう大きいんだ！！」
という自信をみなぎらせて堂々と歌います！

左手は最後の「ソ」の音は力を抜くようにして弾くと、
最初の前奏につなげやすいです。

左手は踏みしめるように、
どっしりとした深みのある音で弾きましょう！

D.S.

𝄋 セーニョへ
戻ります。

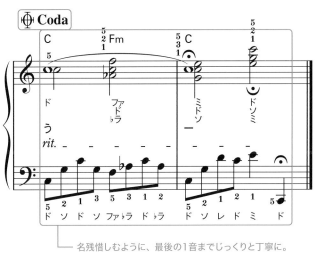

名残惜しむように、最後の1音までじっくりと丁寧に。

発表会　卒園式　スペシャルソング

203

夢の欠片(かけら)

弾き歌いクール ver. ：もっと格好良く弾きたい方へ

\音源チェック/

星が輝いているような
美しく不思議な雰囲気の音で。

段々盛り上げて弾きましょう。

流れ星が降ってくるようなイメージで。

キラキラしたオルゴールのような音で。

1. よぞらにまーたたく　うちゅうのほしはー
2. どんなにつーらくか　なしいときにもー

右手の和音が難しい人は、中央の音を抜いても良いです。

左手は安定感のある音で。

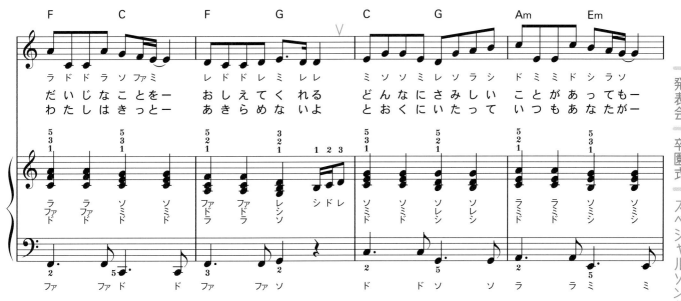

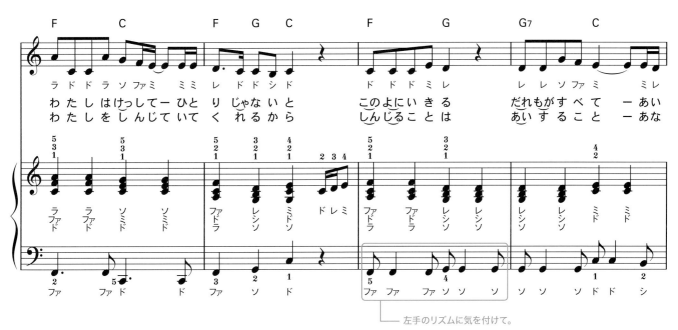

左手のリズムに気を付けて。

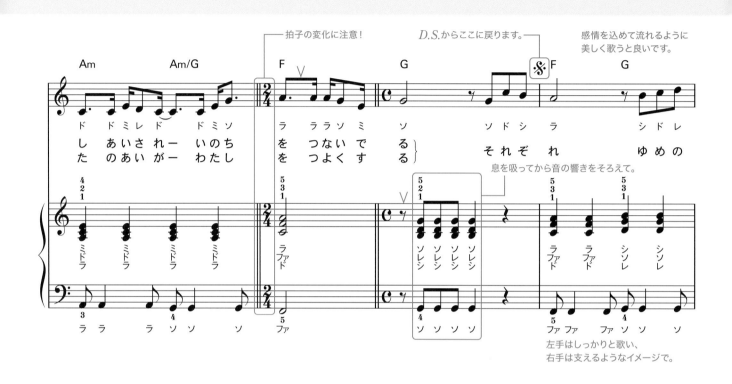

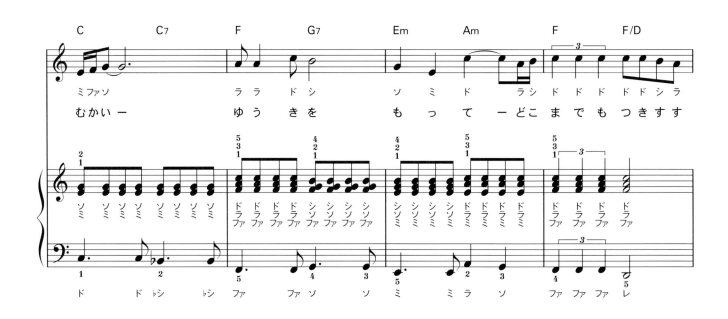

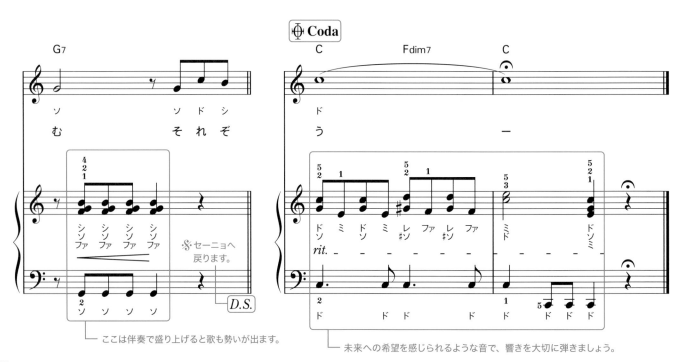